DIALOGUES CONCERNING
NATURAL RELIGION

# 对话录

[英] 大卫·休谟 ◎著

张连富 ◎译

*David Hume*

上海人民出版社

**图书在版编目(CIP)数据**

对话录/(英)大卫·休谟(David Hume)著;张
连富译. 一上海:上海人民出版社,2023
书名原文:Dialogues concerning Natural
Religion
ISBN 978-7-208-18613-2

Ⅰ.①对… Ⅱ.①大…②张… Ⅲ.①休谟(Hume,
David 1711-1776)-哲学思想 Ⅳ.①B561.291

中国国家版本馆 CIP 数据核字(2023)第 203776 号

**责任编辑**　毛衍沁
**封面设计**　零创意文化

**对话录**

［英］大卫·休谟　著

张连富　译

出　　版　上海人民出版社
　　　　　　(201101　上海市闵行区号景路 159 弄 C 座)
发　　行　上海人民出版社发行中心
印　　刷　上海盛通时代印刷有限公司
开　　本　787×1092　1/32
印　　张　5.75
插　　页　5
字　　数　75,000
版　　次　2023 年 12 月第 1 版
印　　次　2023 年 12 月第 1 次印刷
ISBN 978-7-208-18613-2/B·1716
定　　价　56.00 元

# 目 录

## 潘斐留斯致赫米柏斯

　　有人说，赫米柏斯（Hermippus），虽然古代哲人以对话的形式传达他们的大部分教诲，这种写作方法在后世却很少被采用，在那些尝试过它的人的手中也罕见成功。诚然，像如今期望于哲学研究者的那种精确而规范的论证，自然地把人抛入有条理和说教（didactic）的风格之中；在那里，他可以直接地、毫无准备地解释他所针对的论点；进而由此不间断地演绎出它建立于其上的证据。在对话中发表一个"体系"很少显得自然；而当对话体作者（dialogue-writer）想要通过背离直接的写作风格来给他的作品带来更自由的氛围（air），并避免作者—读者（author and reader）的形式，他就容易陷入更大的麻烦之中，给人以教师——学生（pedagogue and pupil）的意象。或者如果他本着好朋友（good company）的自然精神进行争论，插入各种主题，并在对话者之间保持适当的平衡；他就常常在准备和过渡上耽误诸多时间，以至于读者很难认为对话的所有优点（graces）可以补偿为之牺牲了的条理、简洁和精确。

尽管如此，仍然有一些题材，特别适合于对话体写作，在这里，它依旧比直接而简单的写作方式更可取。

如此明显以至于几乎不容争辩，但同时又是如此重要以至于不能太频繁地灌输的任何学说观点，似乎就需要诸如此类的方法去处理；在此，这种方式的新颖可以补偿题材的陈腐，谈话的生动可以让戒律得到实施，而且，不同人物（personages）和角色所展示的各种角度（lights），既不显得乏味，又不显得啰嗦。

另一方面，任何哲学问题，是如此晦涩和不

确定，以至于人类理性不能得到关于它的任何确定结论；如果它必须得到讨论，那么它似乎也自然地把我们带到对话和交谈的体裁（style）中去了。在没有人可以合理地持肯定态度的情况下，明理的（reasonable）人就容许有分歧：相反的意见（sentiments）（甚至没有任何结论）提供一种令人愉悦的娱乐；而如果这个主题是奇特而有趣的，那么这本书就在某种意义上让我们在一起；并把人生两件最大、最纯粹的乐事——学习和社交（society）——结合在一起。

很幸运，这些条件在"自然宗教"的主题中都可以发现。有什么真理和上帝的存在——最无知的时代就已经承认它、最有教养（refined）的天才们都曾野心勃勃地努力为之提供新的证明和论证——一样明显、一样确定？这一真理是我们所有希望的基础、最可靠的道德（morality）根基、最坚固的社会支柱，绝不会须臾缺席于我们的思想和沉思的唯一原理，什么真理有它重要？但在处理这一明显而重要的真理时，关于那神圣存在（Being）的本性、他的属性、他的意旨（decrees）、他的天命计划（plan of providence），又产生了什么晦涩的问题呢？这些主题向来招致人们的争论：关于这些，人类理性还未曾得出任何确定的结论；但这些又是如此有趣的主题，以至于我们不禁对它们进行不懈的探究；虽然迄今为止，我们最精确的研究所带来的也不过是怀疑、不确定和矛盾。

我最近有机会看到对这些问题的讨论：那时我照例和克里安提斯（Cleanthes）共度一个夏季，并且在他和斐罗（Philo）、第美亚（Demea）进行那些对话时在场——这些对话我最近已对你作了某种不完全的描述。后来你告诉我，你的好奇心被如此激起，以至于我必须更准确地详述他们的推理，并展示他们对于像自然宗教这样一个精微主题所提出的那些不同体系。当你把克里安提斯精确的哲学禀赋（turn）和斐罗粗心的怀疑主义对立起来，或者把他们任何一人的性情和第美亚严苛而坚定不移的正统信仰作比较时，他们性格的显著对比又进一步提高了你的期望。我的年轻使我只是他们的争论的一名听众；少年自然地具有的那种好奇心，把他们的论证的全部线索（chain）和联系如此深刻地印在我的记忆中，以至于我希望在叙述中不会遗漏或混淆任何重要的部分。

# 第一篇

　　在我加入坐在克里安提斯书房里的客人行列之后，第美亚恭维了克里安提斯对我的教育的巨大关心，以及他在其所有朋友关系中始终如一和忠贞不贰的精神。他说，潘斐留斯（Pamphilus）的父亲先前是你的亲密朋友，如今这孩子又是你的学生；如果我们以你在给他传授文学（literature）和科学的每一个有用分支时所付出的艰辛来判断，那么他确实可以看作是你的养子（adopted son）。我深信你不缺少审慎（prudence），也不缺少勤奋。因此我要告诉你我对待自己的孩子所遵循的一个原则（maxim），这样我就可以知道它与你的实践有多相符。我对他们的教育所遵循的方法基于一位古人的格言："研习哲学的学生应该首先学逻辑学，其次是伦理学，再次是物理学，最后是诸神的本性。"① 据此，这种自然神学的科学是所有科学中最深奥和最难理解的，因此需要学生具有最成熟的判断力；而且我们只能把这门科学安全地托付给一个充满了所有其他科学的心灵。

斐罗说，你这么迟才把宗教原理教给你的孩子吗？那些意见，在他们整个的教育过程中听得那样少，没有被完全忽略或摒弃的危险吗？第美亚答道，它只被看作是一门隶属于人类推理和论辩（disputation）的科学，所以我才延迟对自然神学的研究。我主要关心的是，早早地让虔敬调和（season）他们的心灵，并通过持续的戒律和教导，以及我也希望通过榜样的作用，把一种对于一切宗教原理的习惯性崇敬深深地印入他们柔软的心灵中。当他们

---

① Chrysippus apud Plut. *de reput. Stoicorum.*

涉猎每一门其他科学时，我还要提起每一部分的不确定性、人们永久的争论、一切哲学的模糊不清，以及一些最伟大的天才从单纯的人类理性的原理中推出的奇怪而荒谬的结论。如此这般把他们的心灵驯化得柔顺谦逊（self-diffidence）之后，我就不再有任何顾忌地把宗教的最大神秘显示给他们，也不担心那种过分的哲学傲慢使他们摒弃最确定的教义和意见的任何危险。

斐罗说，你早早让虔敬调和孩子们的心灵的预防措施（precaution），无疑是非常合理的；而且在这个渎神的、反宗教的时代，没有比这更必需的了。但在你的教育计划中我首先钦佩的，是你从哲学和学问的原理中获得好处的方法，由于激起骄傲和自满，那些原理在所有时代通常被发现对宗教原理具有非常大的破坏性。的确，我们可以注意到，不熟悉科学和深奥研究的公众，看到学者们（the learned）的无穷争论，通常对哲学有一种彻底的轻视，由此他们就更快地坚执于所教给他们的伟大神学观点。那些稍稍涉入研究和探究的人在最新颖和最不寻常的学说中发现了许多明晰性的表面迹象（appearances），于是就认为没有什么对人类理性而言是过于困难的，并放肆地冲破一切藩篱，亵渎神殿最深处的圣所（sanctuaries）。但我希望克里安提斯会同意我：在我们放弃了"无知"这个最可靠的药方之后，仍留着一个权宜之计防止这种渎神的放肆。让第美亚的原理得到改进和培养，让我们彻底明白人类理性的脆弱、盲目和狭隘界限，让我们适时地考虑它甚至在日常生活（common life）和实践的主题上的不确定性和不必要的矛盾；让我们看清我们感官的错误和欺骗；看清伴随着所有体系中的第一原理而来的那些不可克服的困难；看清物质、因果、广延、空间、时间、运动的观念所固有的矛盾；总之，看清一切种类的量，这是唯一能适当地自命具有任何确定性或明显性的科学的对象。当我们把这些主题充分明白地揭示出来，正如一些哲学家和几乎所有的神学家（divines）所做的那样，谁能对这种脆弱的理性官能保持那样的信心，以至于对理性在如此崇高、如此深奥、如此远离日常生活和经验的观点上的结论给予任何重视呢？既然一块石头的各部分的凝聚力（coherence），甚或使它延展的各部分的结合（composition），我说，既然这些熟悉的对象是如此不可解释，并且包含着如此相反和矛盾的情形；那么我们可以以什么确定性来解决诸世界的起源问题，或者无限地（from eternity to eternity）追溯它们的历史呢？

当斐罗说完这些话时，我在第美亚和克里安提斯的脸上都看到了微笑。第美亚的微笑似乎包含了对所传达的学说毫无保留的满意，但在克里安提斯的脸上，我发现了一种诡诘的态度（air），仿佛他在斐罗的推理中觉察到某种嘲讽或诡诈的恶意。

克里安提斯说，那么，斐罗，你是提议把宗教信仰建立在哲学的怀疑主义之上；你认为把确定性或明显性从所有其他研究题材中清除出去，它就完全退回到这些神学教义中，并在那里获得一种更高的力量和权威。你的怀疑主义是否真如你自称的那样绝对和真诚，我们不久在聚会散伙时便知：我们那时会根据来自我们靠不住的感官和更靠不住的经验的流行意见看到，你是从门还是从窗出去；你是否真的怀疑你的身体有重量，或者跌倒时会受伤；第美亚，我想这种考虑很可以用来减少对这个幽默的怀疑主义学派的恶意。如果他们是完全认真的，那么他们就不会以其怀疑、吹毛求疵（cavils）和争论长期困扰这个世界；如果他们只是开开玩笑，那么他们也不是好的玩笑者，但他们也绝不会是很危险的——不论是对国家、哲学，还是对宗教。

他接着说，斐罗，实际上，看来确定的是，尽管一个一时兴起想入非非的人在强烈反思人类理性的许多矛盾和缺陷之后，可能完全放弃一切信念和意见；但他不可能坚持这种彻底的怀疑主义，或在数小时内付诸行动。外部对象逼近他，情感（passions）怂恿他；他哲学上的忧郁（melancholy）消失了；甚至他自己性情上的最大狂热（violence）在任何时候都不能保持怀疑主义的可怜外表。并且有什么理由把这样一种狂热强加在他自己身上呢？这个时候，他不可能始终如一地以其怀疑主义诸原理来满足自己。所以总的来说，没有什么比古代皮浪派（Pyrrhonians）的那些原理更荒谬的了；如果事实上他们如他们所自命的那样竭力到处推广这一怀疑主义——他们从其学派的激辩（declamations）中学来了这种怀疑主义，那他们本应该把它限制在那些激辩之中。

这样看，斯多亚派（Stoics）和皮浪派尽管是死敌，两者之间却显示出巨大的相似性；两者似乎都基于这一错误原则（maxim）：一个人在某些时候、某些性情下能够做到的，他就能够在一切时候、一切性情下做到。按照斯多亚派的反思，当心灵被提升至崇高的德性热情，并强烈地着迷于任何一种荣誉或公共善时，最大的肉体痛苦和苦难也不会战胜这样一种高度的责任感；并且或许，它甚至可能因此在折磨中微笑和狂喜（exult）。如果有时候这可能在实际中是真实情况，那就不用说一个哲学家可以在他的学院（school）甚或在他的密室（closet）中使自己逐渐达到那样一种热情，并在想象中忍受（support）他可能设想的最严重的痛苦或最大的灾难了。但他会如何忍受这种热情本身呢？他心灵的忍耐力松弛了，并且不能随意恢复；诸消遣使他偏离正道；厄运不期然地攻击他：哲学家就渐渐地变成俗人（the plebeian）了。

斐罗答道，我承认你在斯多亚派和怀疑派之间所作的比较。但同时你也可以注意到，尽管在斯多亚主义（Stoicism）中心灵不能忍受最高的哲学飞翔，但即使在它下落到更低处时，它也可以说保持着先前的性情；斯多亚派推理的各种结果将表现在他的日常生活行为（conduct）上，并贯穿于他整个的活动过程（tenor）中。古代的许多学派，特别是芝诺（Zeno）学派，产生了德性和坚贞不移的榜样，这些榜样目前看来是难以置信的。

一切都是徒劳的智慧和错误的哲学。

但可以以一种令人愉快的魔术（sorcery）暂时平息

痛苦或悲痛，并激起虚妄的希望，或以顽强的坚忍

武装冷酷的心胸（breast），如用三重的

铁甲。①

同样，如果一个人已经习惯于对理性的不确定和狭隘范围进行怀疑主义考察，那么在他反思其他主题时，他将不会完全忘记它们；而在他的所有哲学原理与推理中——我不敢说在他的通常行为中，他将被发现不同于那些要么在这种情况下绝不形成任何意见、要么抱有偏向人类理性的观点的人。

任何一个人无论把怀疑主义的思辨原理推进到何种程度，我承认，他都必须像其他人一样行动、生活和交谈；而对于这种行为，除了他有这样做的绝对必然性之外，他不必给出任何理由。如果他有时让他的思辨超出限制他的这种必然性，并就自然的或道德的主题作哲学思考，那么他就是为他在致力于那件事情时所发现的某种快乐和满足所引诱。此外他考虑到，任何人甚至在日常生活中也不得不或多或少地具有这种哲学；从最早的婴儿时期

①《失乐园》卷二。

我们就在更普遍的行动和推理原理的形成中不断前进；我们获得的经验愈广泛，我们所禀得的理性愈强，我们就总是使我们的原理更普遍、更广泛（comprehensive）；我们所谓的"哲学"不过是一种更规则、更有条理的同类活动。对这些主题的哲学探讨和对日常生活的推理没有本质上的区别；并且我们可能只是从哲学中期待更大的稳定性（若不是更大的真理的话），因为它的推进方法更精确、更细致。

但当我们的目光超出人类事务和周围物体的属性；当我们的思辨进入两个永生（eternities）——此世之前和之后；进入宇宙的创造和形成；诸神（spirits）的存在和属性；一个无始无终地存在的普遍精神的能力和活动（operations）；全能的（omnipotent）、全知的（omniscient）、不变的、无限的和不可思议的：我们就必须没有丝毫怀疑主义倾向，这样才不会担心我们在这里已经大大超出了我们的能力范围。只要将我们的思辨限于贸易，或道德，或政治，或批评（criticism），我们就在任何时候都诉诸常识和经验——它们加强我们的哲学结论，并且（至少是部分地）消除我们对每一种非常精微（subtile）和细致的推理正当抱有的怀疑。但在神学的推理中，我们就没有这个有利条件，同时我们却必须明白，我们处理的是大（large）得超出我们的掌握，并且是所有对象中最需要为我们的理解力所通晓的对象。我们就像是陌生国度里的外国人，任何事情都必定对我们显得可疑，并且每时每刻都处于触犯与我们一起生活和交谈的人民的法律和习俗的危险之中。我们不知道在这样一个主题中，我们对于通常的推理方法应该信任到何种程度；因为，甚至在日常生活中，在特别适合于它们的那个领域，我们也不能说明它们，并且在运用它们时完全为某种本能或必然性所支配。

所有的怀疑主义者都声称，如果以抽象的观点考察理性，那么它确实提供反对它自身的不可克服的论证；并且，如果怀疑主义的推理不是如此精细和精巧，以至于不能抵消来自感官和经验的更稳固、更自然的论证，那么我们就不能对任何主题保持任何信任或确信。但很明显，每当我们的论证失去了这个有利条件，并且偏离了日常生活，最精细的怀疑主义就会和它们处于同等地位，能够反对和制衡它们。彼此的分量不相上下。心灵必须在两者之间保持中立（in suspense），而正是这种中立或平衡，是怀疑主义的胜利。

克里安提斯说，但对于你以及所有思辨的怀疑主义者，斐罗，我看到你们的学说和实践在最深奥的理论观点上就像在日常生活行为中一样不一致。每逢证据明显，你们就拥护它，而不管你们所自诩的怀疑主义；并且我也可以看到，你们学派有些人和那些更强调确定性和确实性（assurance）的人同样坚定。其实，一个人如果自称拒斥牛顿对令人惊奇的彩虹现象的解释，只因为那种解释对光线——的确，这个主题对于人类理解力太过精微——给予了细致的剖析，他不是很可笑吗？如果有人对于哥白尼和伽利略有关地球运动的论证没有什么特别反对的，却只是根据那个一般原理——这些主题太宏大和玄远（remote），以至于非人类狭隘而虚妄的理性所能解释——而拒绝同意它们，你会对他说什么呢？

确实有一种粗鄙（brutish）而无知的怀疑主

义——就像你清楚地看到的那样——给予大众一种仅对他们所不易理解的事物的普遍偏见，使他们拒斥每个需要精深的推理来证明和确立的原理。这种怀疑主义对于知识是致命的，对宗教却并非如此；因为我们看到，那些表示最坚决地拥护它的人，常常不但承认有神论（theism）和自然神学的伟大真理，而且甚至承认传统迷信推荐给他们的最荒谬信条。他们坚定地相信女巫；尽管他们不愿相信也不愿关心最简单的欧几里得命题。但精微的、哲学的怀疑论者却陷入一种本性相反的矛盾。他们的研究钻进最深奥的科学角落；并且，他们的同意——这同意是与他们所遇到的证据相称的——在每一步都伴随着这些研究。他们甚至被迫承认，最深奥、最遥远的就是哲学最好地解释过的那些对象。光实际上被剖析了；真正的天体体系被发现、被确定。但食物对身体的滋养仍是一个不可解之谜：物质各部分的凝聚力仍是不可理解的。因此，这些怀疑主义者被迫在每个问题上分开考察每一个特殊证据，并且按照出现的证据的精确程度来同意。这是他们在所有自然的、数学的、道德的和政治的科学中的实践。我要问，为什么在神学和宗教领域不一样呢？为什么只有具有这种本性的结论基于人类理性的缺陷的普遍假定——而不对证据作任何特殊的讨论——被拒斥呢？这样一种不公平的行为不正是偏见和情感（passion）的明显证据吗？

你说，我们的感官是不可靠的，我们的知性是错误的，甚至我们最熟悉的对象、广延、持续、运动的观念，也充满了谬误和矛盾。你刺激我去解决你在它们之中所发现的困难，或者调和你在它们之中所发现的不一致。我没有能力胜任如此巨大的任务，我没有余力去完成它，我认为（perceive）它是多余的。你自己的行为在任何情况下都驳斥了你的原理，并对所有公认的科学原则（maxims）、道德、审慎和行为表示最坚定的信赖。

我决不同意一位著名作家 ① 的那样一种严苛的意

① 《逻辑或思想的技艺》，阿尔诺（Antoine Arnauld，1612—1694）著，1662年出版。这里所提到的一段话在《第一谈》中（1843年版，第26页）："没有人会认真地怀疑是否有一个地球、一个太阳和一个月亮，或者全体是否大于其部分。他可以嘴上说他怀疑，因为他可以说谎；但他不能在他的心里这样说。因此皮浪派不是一批深信他们自己所说的话的人，而是一批说谎者。"

见，他说，怀疑论者不是一个哲学学派；他们是一个说谎派。尽管如此，我可以断定（我希望没有冒犯），他们是一个诙谐派或嘲讽派。但对我来说，每当我想要欢乐和消遣，我当然会选择一种更不费解和深奥的娱乐。一部喜剧、一部小说或至多一部历史，比起这种形而上学的精微和抽象来，似乎是一种更自然的消遣。

怀疑论者们把科学和日常生活，或一种科学与另一种科学区别开来是徒劳的。在所有方面所运用的论证——如果是正确的——具有相似的本性，并包含相同的力量和证据。或者如果它们之间有任何区别，那有利条件也完全在神学和自然宗教一边。许多力学原理都建立在很深奥的推理之上；但没有一个配得上科学的人，甚至也没有一个思辨的怀疑论者，自称对它们抱有丝毫的怀疑。哥白尼体系包含最令人吃惊的悖论，并且最违反我们的自然概念、现象（appearances）以及我们的感官；但甚至僧侣和宗教审判官如今也被迫撤销他们对它的反对了。那具有如此宽宏天赋和广博知识的斐罗，还会对建立在最简单和最明显的论证之上、如此易于接近和进入人的心灵（除非遇到人为的阻碍）的宗教假设，抱有任何普遍的、不分皂白的犹豫吗？

他转向第美亚，继续说道，这里我们可以看到科学史上一个颇为奇怪的情形。在基督教当初建立起来、哲学和流行宗教联合起来之后，在所有的宗教教师之间，没有比反对理性、反对感官、反对一切仅仅来自人类研究和探索的原理的激辩（declamations）更平常的了。古代学园派（Academics）的所有论题都被教父们（Fathers）采纳了；从此在基督教世界的每个学校和讲坛中传播了好几个时代。宗教改革家们（the Reformers）采纳了相同的推理原理，或者毋宁说是激辩；对信仰的卓越的所有赞颂，一定要掺入一些嘲讽自然理性的严厉打击（strikes）。罗马教派的一位著名教长（prelate）①——具有最广博的学问，曾写过基督教教义的一个理证——也创作了一部专

---

① 于爱阁下。[Peter Daniel Huet（1630—1721），亚佛兰契（Avranches）的主教。此处所指的论文是《关于人类理智的缺陷的哲学论文》，于1723年死后出版。参阅巴蒂生（Mark Pattison）的《论文集》（*Essays*）卷一，第299页。]

著，其中包含了最大胆和最坚定的皮浪主义的所有吹毛求疵。洛克似乎是第一个敢于公开承认以下三点的基督教徒：信仰不过是一种理性，宗教只是一个哲学分支，与在道德学、政治学或物理学中建立任何真理的论证相似的一系列论证总是被用来发现所有的（自然的和天启的）神学原理。贝尔（Bayle）和其他自由思想者（libertines）对教父和最初的宗教改革家的哲学怀疑主义的误用，仍进一步传播了洛克先生的明智观点（sentiment）：如今，在某种意义上，所有妄求推理和哲学的人都公开宣称无神论者和怀疑论者几乎是相同的。既然确实没有一个宣称信奉后一原理的人是真诚的，我也欣然相信严肃主张前一原理的人同样少。

斐罗说，你不记得培根勋爵在这个主题上的杰出名言吗？克里安提斯回答说，少量（a little）哲学使一个人成为无神论者；大量的（a great deal）哲学则使他皈依宗教。斐罗说，这也是一句很明智的话。但我心目中所想的是另一段话：在那里，在提到大卫的愚人（David's fool）在心（heart）里说并没有一个上帝时，这位大哲学家指出无神论者们如今有双重的愚蠢：因为他们不满足于在心里说没有上帝，还要在嘴上说出这种不虔敬来，因此他们犯了多重的（multiplied）鲁莽和轻率的罪。这样的人即使非常真诚，我想也不会是很可怕的。

尽管你会把我放入这类愚人的行列中，我还是禁不住传达一句话——你用来娱乐（entertain）我们的宗教的和反宗教的怀疑主义历史在我身上引起的一句话。在我看来，在这一事件的整个进程中有很强烈的祭司技艺（priestcraft）的迹象（symptoms）。在像古代各学派（schools）解体之后那样的愚昧时代，教士们觉察到，无神论、自然神论（deism）或任何一种异教都只能产生于对公认意见的狂妄的质疑，产生于人类理性能胜任一切事物的信念。那时，教育对于人的心灵具有强大的影响，其力量几乎等于那些感官和普通知性的提示（suggestions）——这些提示即使最坚定的怀疑主义者也必须承认受其支配。但现在，当教育的影响大大减弱，而人们由于更开放的世界贸易，学会了比较不同国家和时代的流行原理时，我们精明的神学家们已经改变了他们整个的哲学体系，并且说着斯多亚派、柏拉图学派和逍遥派的语言（language），而不说皮浪派和学园派的语言。如果我们不信任人类理性，我们就没有别的原理把我们引入宗教。这样，一个时代的怀疑论者，是另一个时代的独断论者；最适合于把对于人类的支配地位给予这些牧师先生（reverend gentlemen）的无论哪个体系，他们都肯定会看作是他们最喜爱的原理和确定的信条。

克里安提斯说，人们很自然地接受那些他们发现能够借之最好地捍卫他们的学说的原理；我们也无需依靠祭司技艺来解释如此合乎理性的权宜之计。而且当然，没有什么比看到任何一套原理有助于真正宗教的证实，并足以击败所有派别的无神论者、离经叛道者、自由思想者（freethinkers）的吹毛求疵，能够提供推定它们是真的并应该被接受更强有力的理由了。

# 第二篇

第美亚说，克里安提斯，我必须承认没有什么能比你自始至终对这个论证的说明（light）更让我吃惊的了。根据你谈话的整体思路（tenor），人们会想象你是在维护上帝的存在，反对无神论者和异教徒的吹毛求疵；并且被迫成为所有宗教的基本原理的捍卫者。但我希望这绝不是我们之间的一个问题。我相信，没有人——至少没有任何具有常识的人——会对这般确定而自明的真理抱有一种严肃的怀疑。问题不在于神的存在，而在于神的本性。我断言，由于人类知性的缺陷，这是我们完全不可理解和未知的。那个至高心灵的本质，他的属性，他的存在方式，他的持续的本性；这些以及关于如此神圣的一个存在者（Being）的每一细节，对人来说都是神秘的。我们是有限的、脆弱的、盲目的被造物，我们应该在他庄严的存在（presence）前谦卑，并意识到我们的脆弱，默默地崇拜他的无限的完满，这些无限的完满是眼睛不曾见到、耳朵不曾听到的，对它们的设想也不曾进入人的心胸（heart）。它们隐藏在厚厚的云雾之中，逃离了人类的好奇心。试图穿透这些神圣的晦涩就是渎神；紧邻否认他的存在的不虔敬的，是窥探他的本性与本质、命令与属性的冒失。

但为了不让你认为我的虔敬在这里胜过了我的哲学，只要我的意见需要任何支持，我就会借助一个很大的权威来支持它。从基督教建立以来，几乎所有曾经研究过这个或任何其他神学论题的神学家，我都可以引证：但目前我只局限于一个在虔敬与哲学上有同等声誉的人。他就是马勒伯朗士神父（Father Malebranche），我记得他这样表达自己。① 他说："一个人称上帝为一个精神（a spirit），与其说为了积极地表达上帝是什么，还不如为了表明他不是物质。他是一个无限完满的存在者（Being）：我们不能怀疑这一点。正如即使假定他是有形体的，我们也不应该在人的形体（figure）是所有形体中最完满的借口下想象他具有人的身体——像神人相似论者（Anthropomorphites）所主张的那样；同样，我们也不应该在我们知道没有什么比人的心灵更完满的借口下，想象神的精神具有人的观念，或与我们的精神有任何相似。我们毋宁应该相信，他包含物质的完满性却并非是物质的……他也包含被造的精神的完满性却并非是我们所设想的精神：他真正的名称是'存在的他'（He that is），或者换句话说，'没有限制的存在''全在'（All Being）'无限而普遍的存在'。"

斐罗答道，第美亚，在像你所提出的这样一个伟大的权威和你可能提出的多得多的权威之后，我

---

① *Recherche de la vérité*, *liv.* 3, chap.9.

还要添上我的意见或者表示我对你的学说的称赞，那就显得荒唐可笑。但明理的人们讨论这些论题时，问题当然绝不能涉及神的存在，而只涉及神的本性。正如你所见，前一真理不容置疑而自明。没有什么没有原因而存在；而这个宇宙（无论它是什么）的起始因我们称为"上帝"；并虔敬地把每一种完满归于他。无论谁对这个基本真理有所犹豫，都该受到在哲学家身上所能施加的所有惩罚，即最大的嘲笑、轻蔑和责难。但因为一切完满完全是相对的，所以我们绝不应想象我们理解了这一神圣存在的属性，或者假定他的完满与人类的完满有任何的相似或类似。智慧、思想、设计、知识，我们正当地把这些归于他；因为这些词在人之间是表示尊敬的，而且我们也没有其他语言或概念来表达我们对他的崇拜。但我们要注意，不要以为我们的观念在任何情况下与他的完满相符，或者以为他的属性与人的这些属性有任何的相似。他无限地优越于我们有限的观点（view）与理解；他是神殿里崇拜的对象，而不是学院中争论的对象。

他接着说，克里安提斯，实际上，要达到这个结论，无需求助于你所讨厌的那种矫饰的（affected）怀疑主义。我们的观念超不出我们的经验，我们没有神圣的属性和活动的经验，我无需总结我的三段论，你可以自己引出结论。我很高兴（我希望你也如此），正确的推理与牢固的虔敬在这里会合在同一个结论之中，两者都确定了至上存在者崇高而神秘的、不可理解的本性。

克里安提斯对第美亚说，不要在兜圈子中浪费时间，更不用说在回应斐罗虔敬的激辩中浪费时间了；我要简要地解释我如何设想这一问题。环顾这个世界：打量（contemplate）世界整体和它的每一部分——你会发现它不过是一个巨大的机器：它被分割成无数较小的机器，这些较小的机器又可再分——一直分到超出人类感官和官能所能追究与解释的程度。所有这些不同的机器，甚至它们的最细微的部分，都彼此精确地相互适应——这种精确性使所有打量过它们的人陶醉于崇敬之中。手段对于目的的神奇适应，贯穿于整个（all）自然之中，尽管远超出人类创造（contrivance）——人类的设计（design）、思想、智慧和理智——的产品，却与它们精确相似。因此，既然结果彼此相似，所有的类比规则也就引导我们推断原因也彼此相似；以及自然的创造者多少相似于人的心灵；尽管他拥有大得多的能力——这能力和他完成的宏伟工作相配。通过这个后天（a posteriori）论证，并且只有通过这个论证，我们同时证明神的存在以及他与人类的心灵和理智的相似。

第美亚说，我要坦白告诉你，克里安提斯，我自始就不赞成你关于神和人相似的结论；更不能赞成你竭力借之确立它的手段。什么！对于神的存在没有理证！没有抽象论证！没有先天的证明（proofs a priori）！迄今为止为哲学家们十分坚持的这些论证都是谬误，都是诡辩？在这个论题上我们不能超出经验和或然性？我不愿说这背叛了神的事业；但通过这种矫饰的坦率，你却实实在在地给予无神论一种有利条件——这种有利条件绝不是他们能通过单纯的论证和推理获得的。

斐罗说，这个论题我主要顾虑的，与其说是克里安提斯把一切宗教论证还原为经验，还不如说是它们似乎不是较低级论证中最确定、最无可辩驳的。石头会下坠，火会燃烧，土有坚实性，我们观察了不知有几千次了；只要这一本性的任何新例子出现，我们就毫不犹豫地引出通常的推论。事例（cases）的精确相似，使我们完全确信一个相似的事件；我们不欲求，亦不寻求一个更有力的证据。但只要你稍微偏离事例的相似性，你就相应地减弱了那个证据；最后可能使它成为一个非常脆弱、显然易于出错和不确定的类比。我们经验了人类的血液循环之后，我们就不怀疑它发生在提图斯（Titius）和马吕斯（Mavius）身上：但从蛙和鱼的血液循环上，根据类比只能得到一个假设（尽管是强有力的）：它发生在人和其他动物身上。若我们从血在动物体内循环的经验推断植物内汁液的循环，类比推理就要脆弱得多；更精确的实验发现那些草率采用那种不完全类比的人是错误的。

克里安提斯，如果我们看见一间房子，我们就以最大的确定性推断，它有过一位设计者或建筑师；因为这就是我们所经验到的产生于那种原因的结果。但你一定不能断定宇宙与房子有这样一种相似，以至于我们能同样可靠地推断一个相似的原因，或者这个类比是完全和完满的。差异如此显著，以至于这里你至多能主张关于相似原因的一个猜想、一个揣测、一个假设；而且那个主张将如何被世人接受，我让你自己去考虑吧。

克里安提斯答道，那诚然是很难让人接受的；而且如果我竟承认神的证明只不过是一种猜想或揣测，那我就是该受谴责和为人憎恶的了。但是手段对于目的完全适应，目的因的系统、每一部分的秩序、比例和条理，在房子与宇宙之中的相似如此微弱吗？楼梯的梯级显然是为了人的脚利用它们攀登而设计的；这个推论确定而无谬误。人的脚也是为走路和攀登而设计的；我承认这个推论——由于你所提到的差异——并不是完全确定的；但它因此就只配称为假设或揣测吗？

天啊！第美亚叫了起来，打断了他。我们说到哪了？热忱的宗教捍卫者竟会承认神的证明缺少完全的证明！而斐罗，在证明神性值得崇敬的神秘性时，你（我仰赖于你的帮助）也同意克里安提斯的所有这些夸张意见吗？那我能给它们起个什么名字呢？或者，当这样一个权威当着像潘斐留斯这样的年轻人的面提出和支持这些原理时，为什么要吝惜我的指责呢？

斐罗答道，你似乎不了解：我是以克里安提斯自己的方法来和他争论的；通过向他展示他的信条的危险后果，最后希望迫使他回到我们的意见上来。但我看到，最困扰你的是克里安提斯对后天论证的描述；而且由于你发现这种论证易于逃脱你的掌握，不留痕迹地消失，你就认为它被如此掩盖（disguised），以至于你很难相信它得到了正确的阐明。如今，不管我在其他方面怎样反对克里安提斯的危险原理，我必须承认他公正地描述了那个论证；我会努力向你陈述这一问题，使你对它不再有顾虑。

如果一个人从他所知道或看见过的任何事物中抽离出来，他就绝不能仅凭自己的观念确定宇宙必定是怎样的景象（scene），或者给一事物状态或状况以优先于另一事物状态或状况的地位。因为既然凡是他清楚地设想的，都不能被看作是不可能或包含矛盾的，那么他幻想的所有怪物（chimera）在一个平等的地位上；对于同等可能的观念或体系，他也不能给出赞成其一，拒斥其他的任何正当理由。

其次，他睁开眼睛，打量世界的真实样貌，首先，他不可能给出任一事件的原因；更不用说万物整体或宇宙的原因了。他可能让他的想象遨游一番，并且他的想象可能把他带入无数的报道与描述中。这些都是可能的，但正因为是同样可能的，他绝不会自行为偏爱其中一个（与其他相比）给出令人满意的说明。唯有经验能向他指出任何现象的真正原因。

第美亚，如今根据这个推理方法，可以推出（这实在是克里安提斯自己默认的）：秩序、条理或诸目的因的适应（adjustment），就其自身而言，不是设计的任何证明；只有在它被经验到产生于那个原理的限度内，才是设计的证明。就我们的先天认识而言，物质可能在自身之内就本源地包含秩序的本源或根源（spring），就像心灵那样；设想若干元素由于某种内在的、未知的原因处于最精细的条理之中，并不比设想它们的观念在伟大的普遍心灵中由于一种相似的内在的、未知的原因处于那一条理中更困难。这两个假设的同等可能性是被容许的。通过经验我们发现（根据克里安提斯）它们之间是有差异的。将几块钢铁扔在一起，没有形状（shape）或形式，它们决不会排列自己以构成一块表；石块、砂浆和木头，没有建筑师，决不能自行建造一所房子。但我们知道，人类心灵中的观念，由于一种未知的、不可解释的组织（economy），排列自己以形成一只表或一所房子的计划。因此，经验证明秩序的源始原理在心灵中，而不在物质中。从相似的结果，我们推断相似的原因。手段对于目的的适应，在宇宙之中与在人类设计的机器之中是相似的。因此原因必定是相似的。

我必须承认，我从一开始就反感神和人之间相似的主张；我必须认为它隐含着对于至上存在者

（Being）的、令坚定的有神论者不能忍受的贬抑。因此，第美亚，有了你的帮助，我想努力捍卫你所恰当地称为神性的值得崇敬的神秘性的东西，并反驳克里安提斯的这种推理，假如他承认我对它的描述是公正的。

克里安提斯同意了，斐罗略停片刻，以如下方式继续。

克里安提斯，一切关于事实的推论都以经验为根据，而一切经验推理都以相似的原因证明相似的结果、相似的结果证明相似的原因的假设为根据；现在我不想和你多争论。但我请求你注意，所有公正的推理者以怎样的极度谨慎把实验推移到相似事例上去。除非情况精确相似，否则他们不会完全放心地把他们过去的观察应用到任何特殊现象上去。条件的每一变动都引起对事件的怀疑，它需要新的实验来确实证明这些新条件不重要。体积（bulk）、位置、排列、年代、空气的组合或周围物体的变化，这些细节中的任何一个都可能带来最不可预测的后果：除非我们对于对象十分熟悉，否则在任何这些变动之后满怀信心地认为它们与我们过去所观察的事件相似，就太鲁莽了。这里，哲人缓慢而审慎（deliberate）的步子若与常人莽撞的步调有任何不同，那不同就在于：常人为最小的相似所驱使，因此完全不能辨别（discernment）或细审。

但是，克里安提斯，你能想到，当你把房屋、船舶、家具、机器与宇宙作比较，并根据它们一些情况的相似推断其原因的相似，你不是跨出了一大步，而把你平常的冷静和哲学都给收起来了吗？像我们在人或其他动物中所发现的思想、设计或理智，不过是宇宙的动因（springs）和原理之一，就像热或冷、吸引或排斥以及日常所见的成百上千个其他原理是宇宙的动因和原理之一一样。我们发现它是一个起作用的（active）原因，自然的某些部分借之改变其他部分。但是一个结论能以任何的正当性从部分推移到整体吗？这种巨大的悬殊（disproportion）不是禁止一切比较和推论吗？我们能从观察一根头发的生长中学到任何关于人的生长的东西吗？一片叶子的摇动方式——即使完全被认识——会给我们带来任何关于一棵树的生长的教导吗？

但就算我们把自然的一部分对另一部分的作用当作我们关于整体起源（origin）的判断基础（这是决不能容许的），为什么选择一个像地球上的动物理性与设计一样渺小、脆弱和有限（bounded）的原理呢？我们称为思想的大脑的这种小小搅动有什么特权，让我们必须这样把它当作整个宇宙的模型呢？实在是我们对自己的偏袒（partiality）使我们在所有情况下提出它来：但是健全的哲学应该谨慎防备如此自然的错觉（illusion）。

斐罗接着说，我不但不承认部分的活动能给我们提供任何关于整体的起源的正确结论，而且不容许任何一部分形成另一部分的规则——如果后者与前者相差太远的话。有什么合理的根据推断其他行星的居民拥有思想、理智、理性或任何与人的这些能力相似的事物呢？在这个小小的地球上，自然的活动方式既然有如此极端的多样性，我们能想象她在如此浩瀚的宇宙中持续不断地复制自己吗？并且如果思想——正如我们可以假设的那样——只局限于这一狭窄的角落，并且甚至在这里也只有如此有限的活动范围，我们有什么正当性把它规定为（assign）万物的起始因呢？一个使其家政（domestic economy）成为治理国家的规则的农民的狭隘观点，相较而言是一种可原谅的诡辩。

但就算我们任何时候都非常确信，一种与人类相似的思想和理性被发现遍布整个宇宙，并且其活动在别处比它在地球上所表现的更巨大、更有威力；我仍然不明白，一个被构造、被安排、被调整的世界的活动，如何能够以任何的正当性被扩展到一个尚处于胚胎状态、正趋向那个结构与条理的世界。通过观察，我们略微知道一个成长了的动物的组织、活动和营养的一些情况；但我们必须非常谨慎地把这种观察推移到子宫内胚胎的生长，并且更谨慎地把它推移到小动物（animalcule）在其父本的生殖器中的形成。甚至根据我们的有限经验，我们发现自然拥有无数的动因（springs）和原理——它们不断地在她的处境和情况的每一次变化中表现出来。而对于是什么崭新而未知的原理使她在像宇宙的形成这样崭新而未知的情况下活动起来，除非是太过莽撞，我们不能妄下结论。

这个巨大体系中的一个极小部分，在很短的时间内，非常不完全地向我们展示：我们就由此果断地宣告整体的起源？

值得钦佩的结论！没有人类的技艺与创造，石、木、砖、铁、铜此时此刻在这个小小的地球上不具有秩序或条理：因此，宇宙若没有某种类似于人类技艺的东西，就不能源始地获得其秩序或条理。但是自然的一部分是与之相差甚远的另一部分的规则吗？它是整体的规则吗？极小的部分是宇宙的规则吗？一种情况下的自然是另一种与之非常不同的情况下的自然的某种规则吗？

克里安提斯，根据那个著名的故事，亥厄洛（Hiero）问西蒙尼德斯（Simonides）上帝是什么，西蒙尼德斯要求花一天时间来思考，后来又要求花两天时间来思考；他这样不断地推迟期限，却始终不给出其定义或描述，假如我在此模仿西蒙尼德斯审慎的节制，你能责备我吗？如果我一开始就回答"我不知道",并且意识到这个论题远远超出了我的能力范围,你甚至能责备我吗?你尽管嚷嚷说我是怀疑论者或揶揄者(raillier):但我既然在许多其他更熟悉的论题中发现了人类理性的缺陷甚至矛盾,我决不会期待它的脆弱推测在如此崇高的、如此远离我们的观察范围的论题上取得任何成功。当我总是观察到两种对象联结在一起,每当我看见其中之一的存在,我就可以根据习惯推断另一个的存在:我把这称为根据经验的论证。但在对象(如现在这种情形)是单一的、个别的,没有可对照的事物(parallel)或者种类上的相似物时,这种论证如何能占有一席之地,就难以解释了。什么人会以严肃的表情对我说,秩序井然的宇宙必定产生于类似于人的某种思想和技艺,因为我们对它有经验?要确立这种推理,我们就必须对诸世界的起源有经验;我们看过船舶和城市产生于人类的技艺与设计,那实在不足以……

斐罗就这样激烈地讲下去,在我看来,好像是在开玩笑,又好像是严肃认真的;这时他看到克里安提斯有点不耐烦，便立即突然停了下来。克里安提斯说，我必须指出的只是请你不要滥用名词，或者使用通俗的表达来破坏哲学推理。你知道，常人经常把理性和经验区别开来，甚至在仅仅关乎事实和存在的问题上也是如此；尽管我们发现，在理性被正确分析的地方，它不过是一种经验。根据经验来证明宇宙起源于心灵，并不比根据相同的原理证明地球的运动更违反日常言语（common speech）。吹毛求疵的人对哥白尼体系可以提出你用来反对我的推理的所有那些反驳。他可以说，你看到过其他的地球运动吗？你有……？

有啊！斐罗喊道，打断了他，我们有其他的地球。我们看到月亮绕着它的中心旋转，它不是另一个地球吗？我们在金星上看到了相同的现象，它不是另一个地球吗？根据类比，太阳的公转不也是同一理论的证实吗？所有的行星不都是围绕太阳公转的地球吗？卫星不是围绕木星和土星运动的月亮，以及这些主行星（primary planets）不是围绕太阳运动的月亮吗？这些类比、相似以及其他我没有提到的，是哥白尼体系的唯一证明；而你需要考虑，你是否具有任何同类的类比来支持你的理论。

他接着说，克里安提斯，实际上，现代（modern）的天文学体系如今被一切研究者如此广泛地接受，甚至成为我们的最初教育中如此重要的一部分，以至于我们在检查它建立于其上的那些理由时通常并不十分严谨。研究最早写这方面文章的作家如今变成单纯好奇的事情而已，可是这些作家当初却遭遇了强烈的偏见，必须从各方面考虑（turn）他们的论证，以使它们被广泛接受和有说服力。但如果我们细读伽利略著名的《关于世界体系的对话》，我们会发现，这位伟大天才——有史以来最崇高的人之一——首次竭力证明，人们通常在四元素的实体与天上的实体之间所作的区分是没有根据的。学术界（the schools）过去根据感觉的虚妄把这一区分推到很远；并证明后者是不生、不灭、不变、无情的（impassible）；而把一切相反的性质归于前者。但伽利略从月球开始，证明它在每一特殊方面与地球相似：它的凸面形状、它未被照亮时的自然黑暗、它的密度、它的固态与液态的区分、它的盈亏变化、地球与月球相互的照射、它们的互蚀、月球表明的不平坦等等。由于与所有行星相关的许多这类例子，人们清楚地看到，这些天体成了合适的经验对象；它们相似的本性使我们能把相同的论证和现象从一者推到另一者。

在天文学家的这种谨慎做法中，克里安提斯，你可以看到对你自己的定罪（condemnation）；或者毋宁说可以看到，你所从事的论题超出了一切人类理性与探究。你能妄求表明一所房屋的结构与一个宇宙的生成之间有任何这种相似吗？你曾见过在任何情形下像与元素的初次排列一样相似的自然吗？有世界曾在你眼前形成吗？你有空看到整个的现象（phenomenon）进程——从秩序的初次出现到它的最后完成（consummation）——吗？如果你有，那么请援引你的经验，说出你的理论。

# 第三篇

克里安提斯答道，如今最荒谬的论证在有聪明才智和创造力的人的手里，获得了可能性（probability）！斐罗，你没有意识到，证明地上的和天上的物质的相似对于哥白尼及其最早的弟子变得必要，是因为有些哲学家为旧体系所蒙蔽，依据一些可感现象否认这种相似？但有神论者绝对没有必要证明自然作品和技艺作品的相似，因为这种相似是自明和不容否认的。（它们有）相同的质料，相似的形式：还需要其他什么东西来表明它们的原因的相似，并确定万物起源于一个神圣的目的与意旨吗？我必须坦白地告诉你，你的反对意见并不比那些否定运动的哲学家晦涩的吹毛求疵更好；应当同样用例证（illustrations）、实例（examples）和事例（instances）而不是严格的论证和哲学来驳斥。

因此，假设在云雾（clouds）中听到一个清晰的声音，其嘹亮与旋律的优美远超人的技艺所能达到的程度；假设这个声音同时传到所有的国家，并且用各国自己的语言与方言对各国讲话；假设说出来的话不仅包含正确的道理和意思，而且传达了某种完全配得上一个优于人类的仁慈存在者（Being）的教导：你能对于这声音的原因有片刻的迟疑吗？你不是必定立刻将它归于某种设计或目的吗？我只能看到，反对有神论体系的所有那些反驳（如果它们配得上这个称呼的话），也可以用来反对这个推论。

你不也可以说，所有关于事实的结论都以经验为根据：当我们听到暗处有一个清晰的声音，并由此推断有个人，这正是结果的相似使我们推断原因中有类似的相似；但这个非同寻常的声音，由于它的嘹亮、传播范围以及对于一切语言的灵活性，与任何人声如此不相似，以至于我们没有理由推定它们的原因有任何相似：因此，一个你不知来自何处的理性的、智慧的、连贯的话语（speech）乃是产生于风的某次偶然的呼啸，而不是产生于任何神的理性或理智吗？在这些吹毛求疵中你清楚地看到了对你自己的反驳；我也希望，你清楚地看到它们不可能在一种情形（case）下比在另一种情形下更有力。

但为了使情形更切近于宇宙的当下情形，我要作出两个不包含任何荒谬或不可能性的假设。假设有一种自然的、普遍的、不变的语言，为人类的每一个体所共有；书籍是自然的产物，像动物、植物一样通过遗传（descent）与繁殖保持自身。我们情感的若干表达包含了一种普遍的语言：所有的无理性（brute）动物都有一种自然的话语——这种话语不管多么有限，对于它们自己的族类是可理解的。既然最精致的修辞（eloquence）作品比起最粗糙的有机体来说包含着少得多的部分和设计，那么《伊利亚特》或《伊尼亚特》比起任何植物或动物的繁殖来说，是一个更容易的假设。

因此，假设你走进你的书室，那里摆满了自然的书卷（natural volumes）——这些书包含最精致的理性和最精湛的美：你能翻开其中一本，并怀疑它的起始因与心灵和理智有最强的相似吗？当它推理和讨论时，当它规劝、争论和加强其观点和主题时，当它有时与纯粹理智有关，有时与感情（affections）有关时，当它收集、处置并润饰适合于这一题材的每一考虑时：你能坚持断言这一切实质上确实是毫无意义的，这卷书在它源始亲本的生殖器中的最初形成并非来自思想和设计吗？我知道，你的固执没有达到那种顽强的程度：甚至你怀疑主义的玩笑和任性也会对如此明显（glaring）的荒谬感到羞愧。

但如果这个假设的情况与宇宙的真实情况之间有任何的不同，斐罗，那它也完全是对后者有利。对一只动物的解剖提供了许多比阅读李维（Livy）或塔西陀（Tacitus）更强有力的设计的例证；而且你在前一情况中通过把我带回到一个如此不平常和非凡的景象（如世界的最初形成）中去而发起的任何反驳，同样也出现在我们植物般生长（vegetating）的书室的假设之中。所以，斐罗，请选择你的队伍，不要含糊或逃避：要么主张一册理性书卷不是一个理性原因的证据，要么承认所有自然作品都有一个相似原因。

克里安提斯接着说，让我在这里再次指出，这个宗教的论证没有被你十分喜爱（affect）的那种怀疑主义所削弱，反倒从它那里获得了力量，变得更坚固、更不容争辩。排斥所有的论证或推理不是矫饰（affectation）便是发狂。每一个明理的怀疑主义者的公开表白仅仅是反对深奥、玄远和精微的论证；信奉常识和明显的自然本能；并且只要有任何理由以如此充分的力量打动他，他就会同意他不能阻止它——除非使用最大的暴力。如今自然宗教的论证显然就是这一类，只有最倔强、最固执的形而上学能够拒斥它们。考虑一下，解剖眼睛：审视（survey）它的结构和设计；根据你自己的感受告诉我，设计者的观念不是立即以一种像感觉一样的力度向你涌现吗？最明显的结论当然是对设计有利；

而要唤起那些能够支持不信教、尽管深奥却轻率的反驳，则需要时间、反思和研究。谁能见到每一物种的雄性和雌性、它们的器官（parts）和本能之间的一致、它们在生殖前后的情感和整个的生命过程，而不意识到物种的繁衍是自然所意欲的呢？成千上万的这种例子弥漫于宇宙的每一部分；没有语言能表达一种比诸目的因的奇妙适应更可理解、更不可抗拒的意义。因此，一个人必须具有什么程度的盲目独断，才能去拒斥如此自然、如此有说服力的论证啊？

我们可能在著作中碰到一些似乎违反规则的美，虽然背离了所有的批评学规律（precepts）和公认的艺术大师的权威，却得到了（人们的）喜爱（affections），激发了想象力。如果有神论的论证，像你以为的那样，与逻辑原理相矛盾：那么它的普遍的、不可抗拒的影响清楚地证明可能存在具有相似的不规则本性的论证。无论可以提出什么样的强辩；一个有序的世界——就像连贯、表达清晰的话语（speech）——将仍然被看作是设计与意图不容争辩的证明。

我承认，有时候宗教论证没有对一个愚昧的野蛮人和未开化之人发挥其应有的影响力；不是因为它们晦涩难懂，而是因为他从未向自己提出任何与之相关的问题。一只动物的奇妙结构从哪来？来自其双亲的交配。其双亲又从哪来？来自它们的双亲。稍微推远几步（removes）就把对象置于如此距离，以至于对他来说它们迷失在黑暗与混乱之中；也没有任何稀奇之物驱使他进一步追溯它们。但这既不是独断，也不是怀疑主义，而是愚蠢；这心灵状态非常不同于你精审（sifting）、好钻研的性情，我机智（ingenious）的朋友。你能从结果追溯原因；你能比较最远的对象；你最大的错误不是缘于思想和创造力的贫乏，而是缘于过于充沛的创造力——它通过大量不必要的顾虑和反对，压制你自然的良好判断力（good sense）。

赫米柏斯，这时我能看到斐罗有点难堪和困窘：但正当他迟疑不知如何回答时，幸运的是，第美亚打断了谈话，挽回了他的面子。

他说，克里安提斯，我承认，你从书本和语言方面引来的例证由于为大家所熟悉，因此具有大得多的力量；但这种情况不也有某种危险，不也由于使我们想象我们理解神、拥有他的本性和属性的某种充分观念而使我们狂妄自负吗？当我读一本书时，我进入作者的心灵与意图之中：在某种意义上，我暂时成了他；并且对于在他创作时所运用的想象中不断浮现的那些观念，有一种直接的感受（feeling）和概念。但我们绝不能如此接近神。他的路（ways）不是我们的路。他的属性是完满的，但不可理解。这卷自然之书包含一个巨大而不可解之谜，超过任何可理解的论文（discourse）或推理。

你知道，古代的柏拉图学派是所有异教哲学家中最虔诚、最虔敬的；但其中有许多人——尤其是普罗提诺——明确声明，理智或知性不应归于神，我们对他的最高崇拜，不在于崇敬、尊敬、感恩或爱的行为；而在于某种神秘的自我消灭（self-annihilation）或我们所有官能的完全消亡。这些观念或许过于夸张（stretched）；但仍必须承认，由于把神描绘为如此明白和可理解、与人类心灵如此相似，我们犯下了最恶劣、最狭隘的偏私的罪，让我们自己成为整个宇宙的模型。

人类心灵的一切情感（sentiments）——感激、愤怒、爱、友情、赞同、指责、怜悯、进取、妒忌——与人的状态和处境存在着明显的关系，而且被设计（calculated）为在这些情况下维持这样一种存在者（being）的存在（existence）、促进其活动的。因此将这些情感转移到至上存在者身上，或假设他为它们所激发，似乎不合理；此外，宇宙诸现象（phenomena）也不支持这种理论。众所公认，我们所有来自感官的观念都是虚妄和虚假的；因此不能被假设在至上理智中占有一席之地：而且既然内在情感的观念，加上外在感官的观念，构成了人类知性的全部内容（furniture），那么我们就可以推断，思想的材料在人与神圣理智之间没有任何方面的相似。如今说到思维方式，我们如何能在人与神圣理智之间作任何比较，或假设它们之间有任何相似？我们的思想左右摇摆（fluctuating）、不确定、转瞬即

逝、接连不断、混杂；如果除去这些情形，那么我
们就彻底消灭了它的本质，而且在这种情形下冠之
以思想或理性的名称，就是滥用名词了。当我们提
到至上存在者，如果仍然保留这些名词似乎更虔诚、
更恭敬（实际上是如此的），那么我们至少应当承
认：在那种情形下，它们的意义是完全不可理解的；
我们本性的缺陷不容许我们获得与神圣属性的不可
名言的崇高有丝毫相符的任何观念。

# 第四篇

　　克里安提斯说，我觉得很奇怪，第美亚，在宗教事业中如此真诚的你，居然还主张神的神秘和不可理解的本性，并且还如此强烈地坚持神与人类没有任何形式的相肖或相似。我能欣然承认，神具有许多我们不能理解的力量和属性；但如果我们的观念——就其所能及而言——对于他的真实本性来说是不合适、不恰当和不相符的，那么我就不知道在这个论题中有什么值得坚持的了。没有任何意义的名称如此重要吗？或者，你们这些主张神的绝对不可理解的神秘主义者如何与那些主张宇宙万物的第一因是未知和不可理解的怀疑主义者或无神论者区别开来呢？如果在反对心灵——我指的是类似于人的心灵（因为我不知道其他心灵）——的创造之后，他们还妄图有把握地指定任何其他确切的、可理解的原因，那他们必定是非常鲁莽了：如果他们拒绝把这个普遍的、未知的原因称为上帝或神，拒绝把和你乐于要求的一样多的崇高的赞美和无意义的称号赋予他，那么他们的意识（conscience）一定是非常谨慎（scrupulous）了。

第美亚答道，谁能想象克里安提斯——冷静而通晓哲学（philosophical）的克里安提斯，会企图通过给对手安上绰号来驳斥他们；竟会像这个时代臭名昭著的盲从者和审讯人一样，求助于咒骂（invective）和激辩，而不是推理？或者，他没有察觉，这些主题很容易被反击，神人相似论者的称呼和他给我们的荣誉称号神秘主义者一样惹人讨厌，一样隐含危险的后果？而实际上，克里安提斯，想想当你把神描绘为与人类心灵和知性相似时，你肯定了什么？人的灵魂是什么？它是各种能力、情感

（passions）、感情（sentiments）、观念的组合；诚然它们结合为一个自我或人格（person），但仍然彼此不同。当它作推理时，作为其推理（discourse）部分的观念会把自己排列于某种形式或秩序之中；但这种形式或秩序一刻也不能完整保持，而是立刻为另一种排列所取代。新的意见、新的情感（passions）、新的感情（affections）、新的感受（feelings）产生，它们不断地变更心灵的景象（mental scene），并在其中制造可想象的最大的多样性和最迅速的接续。这如何和所有真正有神论者们归于神的那种完满的不变和单一性相容呢？他们说，通过同一行为，他看见过去、现在和未来：他的爱和他的恨，他的仁慈和他的公正是一个单一活动；他在每一空间点上都是完全的；在持续的每一瞬间都是完整的。没有接续，没有变化，没有增加，也没有减少。他的所是（what he is）中不包含丝毫的不同或多（diversity）。此刻他是什么，他过去总是、将来也永远如此，没有任何新的判断、感情（sentiment）或活动。他固定于一种单一、完满的状态之中；你绝不能有分寸地说，他的这一行为不同于另一行为，或者，这个判断或观念最近形成了，并将由于接续让位于任何不同的判断或观念。

克里安提斯说，我可以欣然承认，那些对至上存在者的完全单一性坚持到你已说明的那种程度的人，乃是彻底的神秘主义者，并要为造成了我从他们的意见中引出的所有后果负责。总之，他们是无神论者而不自知。因为尽管我们承认神具有我们不理解的属性；但我们决不应该将任何与属于他的那种理智本性绝对不相容的属性归于他。一个其行为、感情（sentiments）和观念毫无差异和接续的心灵，一个完全简单、彻底不变的心灵，是一个没有思想、没有理性、没有意志、没有感情（sentiment）、没有爱、没有恨的心灵；或者一句话，根本不是心灵。把这个称谓给它乃是滥用名词；我们也可以说没有形状的有限广延，或者没有组合（composition）的数。

斐罗说，想想你现在猛烈抨击的是谁。你以无神论者的称号向处理过这个论题的几乎所有忠实的正统神学家致敬；而最后，据你估计（reckoning），你将被发现是这世界唯一忠实的有神论者。但如果偶像崇拜者（idolaters）是无神论者——我想这是得到正确肯定的，而基督教神学家同样是无神论者；那么那个如此著名的、来自人类普遍同意的论证，变成什么了呢？

但因为我知道你不大受名人（names）和权威的影响，我会努力更清楚地表明你所信奉的那种神人相似论的困难，并证明，假设世界的计划在由以不同方式排列的不同观念组成的神圣心灵中形成——如同一个建筑师在他的头脑中形成一所他意图建成的房子的计划——是没有根据的。

我承认，无论我们用理性还是用经验来判断这个假设会带来什么，都是不容易的。我们还必须爬得更高，以便寻找这个你指定为令人满意和决定性的原因。

如果理性（我指的是产生于先天探究的抽象理性）对于所有关于因果关系的问题并不同样缄默，那么它将至少敢于宣判：观念的心灵（mental）世界或宇宙需要一个原因，就像实物（objects）的物质世界或宇宙需要一个原因一样；而且如果它在条理上相似，那么它就必定需要一个相似的原因。因为，在这一论题中，有什么东西会引出不同的结论或推论呢？抽象地看，它们完全一样；而且伴随着其中一个假设的困难，无不是它们所共有的。

其次，当我们必须强迫经验甚至对于那些超出其范围的论题作出某种判决；她也不能察觉这两个世界在这方面有任何实质性的差异，只能发现它们为相似的原理所支配，并且在其活动中依赖同样繁多的原因。我们在它们两者的缩影（miniature）中都有标本（specimens）。我们自己的心灵与它们中的一个相似：植物或动物身体与它们中的另一个相似。因此，让经验根据这些样本（samples）下判断吧。似乎没有什么在其原因上比思想更精巧；因为这些原因从不在两个人身上以相同的方式起作用，所以我们找不出两个思想完全相同的人。实际上，同一个人在任何两个不同时期的思想不完全一样。年龄、他身体的体质（disposition）、气候、食物、朋友、书籍、情感的差异；其中任何一项或更细微的其他项都足以改变这个奇妙的思想机器（machinery），带给它非常不同的运动和活动。据我们判断，植物和动物身体在其运动方面并不更精巧，也不依赖诸动因（springs）和原理更多样或更奇妙的适应。

因此，我们如何让自己满足于你假设为自然的创作者的那个存在者（Being）的原因，或者你根据你的神人相似论体系从物质世界追溯到的一个理念世界呢？我们不是有同样的理由从那个理念世界追溯到另一个理念世界或新的理智原理吗？但是如果我们止住脚步，不再前进；那为什么走到这里？为什么不停在物质世界？不无穷地进行下去，我们如何能让自己满足？在这个无穷的进程中究竟有什么乐事呢？让我们想想那个印度哲学家和他的象的故事吧。它最适合于当前的论题了。如果物质世界依赖于一个相似的理念世界，这个理念世界必定依赖于某个其他的世界；以此类推，永无止境。因此，目光丝毫不超出当前的物质世界倒要好些。通过假定其秩序的原理包含在它自身之中，我们实际上主张它就是上帝；并且我们越快达到那个神圣存在者，就越好。当你跨出这个尘世（mundane）体系一步时，你只是激起了一种无法满足的探索兴致（humour）。

说构成至上存在者的理性的不同观念可以自行，并由于其自身本性进入有序状态，实际上是没有任何明确意义的谈论而已。如果它有意义，我倒想要知道，为什么不同样明智地（good sense）说，物质世界的各部分可以自行，并由于其自身本性进入有序状态呢？如果其中一个意见不可理解，另一个意见能是可理解的吗？

我们确实经验过观念自行地，且在没有任何已知原因的情况下进入有序状态；但我确定，我们对以同样的方式进入有序状态的物质具有多得多的经验；比如在所有生殖（generation）和生长（vegetation）的例子中，对原因的精确分析超出了所有的人类理解。我们也经验了无序的思想或物质的特殊体系；我们在疯狂中经验了无序的思想体系，在腐烂中经验了无序的物质体系。那么我们为什么会认为秩序对于一者比另一者更根本呢？如果两者都需要一个原因，那通过你的体系从实物宇宙追溯到一个相似的观念宇宙，我们得到了什么呢？我们迈出的第一步永远地引领着我们。因此，若把我们所有的研究限制在当前世界，而不看向更远处，那我们就是智慧的。远远超出人类知性狭隘范围的这些思辨无法带来丝毫满足。

克里安提斯，你知道，当需要（demanded）任何现象的原因时，逍遥学派通常求助于它们的官能（faculties）或神秘性质；比如，他们通常会说面包通过其营养官能来营养，山扁豆通过其通便官能来通便；但我们已发现，这种遁词不过是无知的掩饰而已；而且这些哲学家实际上（尽管不那么坦率）与那些坦白承认不知道这些现象的原因的怀疑主义者或大众说了一样的话。同样，当被问及什么原因产生了至上存在者（Being）的观念中的秩序时，你们神人相似论者除了说它是一种理性官能、这是神的本性，还能提出任何其他理由吗？但在不求助于任何像你所主张的这种理智的造物主（Creator）来解释世界的秩序时，一个相似的答案为什么不能同样令人满意，可能难以确定。它只是说，这就是物质性对象的本性，而它们都源始地拥有秩序和比例的官能。这些都只是承认我们的无知更学究（learned）、更精致的方法而已；除了更迎合流俗偏见以外，一假设不具有任何超越于另一假设的真正优势。

克里安提斯答道，你已经着重展示了这个论证，你似乎不明白回应它有多容易。甚至在日常生活中，如果我指定任何事件的原因，那么斐罗，我不能指出那个原因的原因，不能回答可以不断被提出的每个新问题，这算是反对理由吗？什么哲学家可能服从如此严格的规则呢？这样的哲学家：他们承认终极因（ultimate causes）完全是未知的，并意识到他们从现象追溯到的最精纯原理对于他们仍然是不可解释的——正如这些现象自身之于常人。自然的秩序和安排，诸目的因的奇妙适应，每一部分和器官的明显用途和意图；所有这些都用最清楚的语言显示出一个理智的原因或创造者。天宇（the heavens）

与地球一起证明：整个自然合唱着赞美其创造者的圣歌；只有你，或者几乎只有你，扰乱了这个总体和谐。你发起深奥的怀疑、吹毛求疵和反驳：你问我，这一原因的原因是什么？我不知道；我不管；那与我无关。我已经发现了一个神；我就在此停止我的探究。让那些更智慧或更有进取心的人走得更远吧。

斐罗答道：我既不自命更智慧，亦不自命更有进取心；正因为如此，我也许本不应该试图走得这样远；特别是当我明白，我最后还得满足于与一开始就不需更多的麻烦便可使我满意的答案为伴时，就更不应该如此。假如我对于诸原因仍然完全无知，并且绝对不能解释任何事物，那我就绝不认为暂时把一个困难（你承认它必定立刻以其全力重现在我面前）推开有任何好处。诚然，自然主义者们（naturalists）以更普遍的原因非常正确地解释特殊结果；虽说这些普遍的原因自身最终仍然完全不可解释；但他们确实决不认为，以一个和特殊结果本身一样不可解释的特殊原因来解释那个结果，是令人满意的。一个观念系统，自行安排，没有在先的设计，丝毫不比一个以同一方式获得其秩序的物质系统更可解释；并且后一假设的困难也不超过前一假设。

# 第五篇

　　但为了向你指出你的神人相似论的更多麻烦，斐罗接着说，请对你的原理作一番新的考察。相似的结果证明相似的原因。这是经验论证；你又说，这是唯一的神学论证。如今确定的是，我们所见到的结果愈相似，所推出的原因愈相似，论证就愈有力。一方的每一偏差都削弱可能性，使经验更少确定性。你不能怀疑这一原理；你也不应该拒斥其结果。

　　根据真正的有神论体系，天文学中所有证明自然作品的宏伟壮丽的新发现，为神新添了如此多的

论证；但根据你经验有神论（experimental theism）
的假设，它们却成了如此多的反对理由，因此它们
令这结果与人类技艺和设计的结果毫无相似。因为
如果卢克莱修 ①——甚至追随旧的世界体系——能够
解释：

> 谁能统治全体，
> 谁以掌控力掌握着不可测的海洋的坚硬
> 缰索？
> 谁能同时使所有不同的天宇旋转，
> 用以太的火温暖所有多产的地球，
> 或者在一切时间、一切地方出现？

如果图利（Tully）认为这个推理如此自然，以至于
把它硬塞给他的伊壁鸠鲁学派。［因为你的柏拉图把
世界描绘为上帝在一个工场中结合并建造起来的，

---

① Lib. II, 1095. 原文为拉丁文：Quis regere immensi summam, quis
habere profundi Indu manu validas potis est moderanter habenas?
Quis pariter cœlos omnes convertere? et omnes Ignibus ætheriis terras
suffire feraces? Omnibus inve locis esse omni tempore præsto?

那他以什么心灵之眼（eyes of the mind）注视如此笨重的工场呢？如此庞大的事业是如何开始的？如此巨大的作业（work）用的是什么工具、什么杠杆、什么机器、什么佣人？气、火、水和土怎会服从和遵从建筑师的意志？] ① 我说，如果这个论证在过去时代具有力量，那么在自然的范围如此无限地扩大、如此宏伟的景象向我们敞开的当下，它具有的力量要大多少啊？根据我们对人类设计和创造的狭隘产品的经验形成一个如此无限的（unlimited）原因的观念，就更不合理了。

通过显微镜得来的诸发现——由于它们打开了一个崭新的微型宇宙——根据你的观点，仍然是反驳；根据我的看法，则是论证。我们的这类研究越往前推进，我们也就越由此推出，万物的普遍原因非常不同于人类，或人类经验和观察的任何对象。

---

① *De Nat* [*ura*] *Deor* [*um*], Lib. I. 原文为拉丁文：Quibus enim oculis animi intueri potuit vester Plato fabricam illam tanti operis, qua construi a Deo atque œdificari mundum facit? quœ molitio? quœ ferramenta? qui vectes? quœ machinœ? qui ministri tanti muneris fuerunt? quemadmodum autem obedire et arere voluntati architecti aer, ignis, aqua, terra potuerunt?

　　你说解剖学、化学、植物学的那些发现又如何呢？……这些当然不是反驳，克里安提斯答道，它们只揭示了技艺和设计的新例证。这仍然是无数对象映照在（reflect on）我们身上的心灵意象。斐罗说，请加上像人类心灵的心灵。克里安提斯答道，我不知道其他心灵。斐罗强调说，并且越像越好。克里安提斯说，当然。

　　那么，克里安提斯，斐罗带着轻快而得意的神气说，请注意后果。首先，根据这种推理方法，你要放弃神的任何属性的无限性的所有要求。因为既然原因只应与结果相称，而结果（就其属于我们的认识而言）不是无限的；那么按照你的假设，我们有什么理由把那一属性归于神圣存在者呢？你将依旧坚持，通过把他从与人造物的所有相似中清除出去，我们屈服于最武断的假设，同时也削弱了他存在的所有证明。

　　其次，根据你的理论，你没有理由把完满性——哪怕是他的无限能力方面的完满性——归于神；也没有理由假设他在工作中免于任何错误、谬误或者不一致。自然作品中有许多不可解释的困难，但如果我们允许一个完满的造物主被先天地证明，那么这些困难就很容易解决，而且由于人不能追溯无限关系的狭隘能力，它们成了单纯表面上的困难。但根据你的推理方法，它们都成了真正的困难；而且它们或许将被坚持认为是与人类技艺和设计相似的新例证。至少你必须承认，我们不可能根据我们有限的观点辨别（tell），这个体系如果与其他可能的甚至真实的体系相比，包含了任何巨大的错误还是配得上任何重大的赞美。如果把《埃涅阿斯纪》（Aeneid）读给一个从未见过人类智慧（wit）的任何其他作品的农夫听，他能宣称那诗篇是绝对完美无瑕甚或在人类智慧的作品中为它指定一个合适的位置吗？

但如果这个世界是如此完满的一个作品，那么必定仍然不能确定的是，这一作品的所有优点能否正当地归于工匠。如果我们考察一只船，对于设计出如此复杂、有用而美观的机器的木匠的智巧，我们必定会形成一个何等崇高的观念？而当我们发现他是一个愚蠢的技工（mechanic），模仿别人，照抄一种在漫长的时代更替中经过无数次的试验、犯错、纠正、商议（deliberations）和争辩才逐渐改进的技艺，我们必定是何等惊异？在这一体系被设计出之前，许多世界可能在永恒之中被修补和拼凑；浪费了大量劳动；做了许多没有成效的试验；而在无限的岁月里，世界制造的技艺缓慢而不断地进步。在这种论题上，可以提出的假设太多，而可以想象的假设还要更多；在这里，谁能确定真理在哪；不，谁能揣测可能性在哪？

斐罗接着说，你能从你的假设中提出来证明神的统一性的论证是多么得少啊！很多人携手建造一所房子或一只船，建造一座城市，建造一个国家（commonwealth）：为什么不能是几个神联合起来共同设计和建造一个世界呢？这与人类事务的相似性反而大得多。通过在几个神之间分享这一工作，我们进一步限制了每个神的属性，并摆脱那种巨大力量和广博知识——这种力量和知识必定被假设在一神（one Deity）之中，并且根据你的观点，它只能削弱其存在的证明。并且，如果像人这样愚笨、这样邪恶的被造物还能够常常联合起来设计并执行一个计划，那么那些我们可能假定为比人完满几个等级的神或半神（daemons）在这方面的能耐要大多少呢？

不必要地大大增加原因诚然违背了真正的哲学，但这原理不适合于当前的情况。如果你的理论在先地（antecedently）证明了拥有创造宇宙所必需的每一属性的"一神"；那么我承认，假设任何其他的神存在就是多余的（虽然并不荒谬）。但当所有这些属性统一在一个主体（subject）中，还是分散在几个独立的存在者（Beings）中，仍然是一个问题时，我们能妄图通过自然中的什么现象解决这一争论呢？我们看到一个物体在天平的一端升起，我们就确定在天平的另一端——不管有多隐秘——有某种与它抗衡的同等重量：但仍容许怀疑，那个重量是几个不同物体的集合，还是统一、完整的一块。如果必需的重量远远超过我们曾经见过结合在任何单一物体中的任何东西，那么前一假定就变得更可能、更自然。具有创造宇宙所必需的、如此巨大的力量和能力的理智存在，或者——用古代哲学的话说——如此庞大的动物，超出了一切类比甚至理解。

但此外，克里安提斯，人类是有死的，通过繁殖来更新他们的物种；这对于一切生物来说都是一样的。弥尔顿（Milton）说，雌雄两大性使这个世界有了生命。为什么这一如此普遍、如此基本的（essential）情况必须被排除在那些有限的众神之外？这时请注意古代的神谱又回到了我们身边。

为什么不成为一个彻底的神人相似论者？为什么不主张神或众神是有形的，有眼睛、鼻子、嘴巴、耳朵等等？伊壁鸠鲁主张，人们只在人的形体中看见过理性；因此，诸神必定具有人的形体。理所当然地被西塞罗嘲讽的这个论证，因为你，变得可靠和哲学的（philosophical）了。

总之，克里安提斯，遵循你的假设的人或许能够主张或猜想，宇宙某个时候产生于某种与设计相似的东西：但超出这一假设，他不能确定任何一种情况，此后便只剩下想象与假设的最大放肆来确定他的所有神学观点了。这个世界相对于一个更高的标准或许是非常错误和有缺陷的；只是某个年幼（infant）之神的首次粗劣尝试，之后他就抛弃了它，并对其拙劣表现感到羞愧；它只是某个从属的低级神的作品；是他的上级嘲笑的对象；它是某个老弱无能的神的老年和衰老时期的作品；他死之后，它就靠着从他那里获得的第一推动力（impulse）和主动力（active force），随意乱动。……第美亚，你对这些奇怪的假设表示憎恶是正当的；但这些以及其他成百上千的假设，都是克里安提斯的，不是我的。从神的属性被假设为有限的那一刻起，所有这些就有可乘之机了。至于我，我不认为如此随意（wild）和不定的一个神学体系在任何方面比根本没有要好。

　　我绝对否认这些假设是我的，克里安提斯叫道，不过它们并没有使我憎恶；特别是因为你以无意从口中漏出的那种漫不经心（rambling）的方式将它们提出来。相反，它们倒给了我快乐，因为我看到，即使在想象最放肆时，你也从未摆脱宇宙设计的假设，但却不得不处处求助于它。我要紧紧追随这一让步；我把这看作宗教的充分基础。

# 第六篇

第美亚说，实际上，能够建立在如此不稳固的基础上的结构一定是不牢靠的。当我们不确定存在的是一神还是多神；我们所赖以存在的这一神或多神是完满还是不完满的，是从属的还是至上的，是死的还是活的；我们能给予他们怎样的信赖或信任？对他们产生怎样的忠诚和崇拜？给予他们怎样的尊敬和服从？对于所有的人生目的，宗教理论变得完全无用了：并且甚至对于思辨后果而言，根据你的观点，它的不确定也必定使它变得完全不牢靠和不让人满意。

为使它更不让人满意，斐罗说，我想到另一个假设——这个假设从克里安提斯如此坚持的推理方法中获得了一种可能的外观（air）。这就是：相似的结果产生于相似的原因；他将这个原理假设为一切宗教的基础。但还有另一个同类原理，一样确定，并且来自相同的经验来源；这就是：如果若干已知条件被观察到是相似的，那么未知条件也将被发现是相似的。比如，当我们看见人体的四肢，我们便推断，它也伴随着一个人头（尽管对我们隐藏起来了）。比如，当我们透过一座墙的裂缝看见太阳的一小部分，我们便推断，这座墙倘若被移开，我们就会看见太阳的全部。总之，这种推理方法如此明显和平常（familiar），以至于它的确定性是不容置疑的。

现在如果我们考察宇宙，那么就它隶属于我们的知识而言，它极其相似于一个动物或有组织结构的身体，并且似乎为一个相似的生命和运动原理所推动。宇宙中物质的不断循环没有产生混乱；每一部分的不断消耗不断地得到补偿；最密切的协调

（sympathy）被察觉到贯穿于整个体系；每一部分或分子在履行其职责时，既对自身的保存也对整体的保存起作用。因此我推断世界是一个动物，而神是世界的灵魂，推动它，也为它所推动。

克里安提斯，你太博学，根本不会对这一意见感到惊讶——你知道，这一意见为古代几乎所有的有神论者所坚持，并且主要盛行于他们的论文和推理中。因为尽管有时古代哲人根据诸目的因来推理，仿佛他们认为世界是上帝的作品；但毋宁说，他们最喜欢的概念是把它看作他的身体（身体的组织使它从属于他）。并且必须承认，既然宇宙与人体的相似，超过了它与人类技艺和设计的作品的相似；如果我们有限的类比能够适当地扩展到整个自然，那么推论也似乎更适合于支持古代理论，而不是现代理论。

前一理论中还有许多其他优点把它推荐给古代神学家。没有什么更违背他们的所有概念了，因为没有什么比没有身体的心灵、一个单纯的精神实体——既不隶属于他们的感官也不隶属于他们的理解力，他们纵观整个自然也找不到一个单一例子——更违背普通经验了。心灵和身体是他们所认识的，因为他们感受（felt）它们；同样，他们以相同的方式认识它们中的秩序、条理、结构或内在机制：把这种经验转移到宇宙，并假设神的心灵和身体也是同时的（coeval），两者都有秩序和安排自然地内在于它们，与它们不可分离，这似乎很合理。

因此克里安提斯，这是你可以斟酌的一个新的神人相似论品种；一个似乎不会招致任何重大困难的理论。你确实远远凌驾于系统性的（systematical）偏见之上，以至于发现，假设一个动物身体由于自己或未知的原因而源始地拥有秩序和组织，并不比假设相似的秩序属于心灵更困难。大家应该想想，身体和心灵总是相伴随的通俗（vulgar）偏见不应该完全被忽视；因为它建立在通俗经验（而这是你声称在所有这些神学探究中所遵循的唯一指南）之上。而且如果你主张，我们的有限经验不是借以对无限范围的自然进行判断的合适标准；那你就完全放弃了自己的假设，并且此后就必须采纳我们的神秘主义（正如你所称呼的），并承认神性的绝对不可理解性。

克里安提斯答道，我承认我从前从未想过这个理论——尽管这是一个颇为自然的理论；基于如此短促的考察和反思，我不能如此轻易对它发表任何意见。斐罗说，实际上你非常小心谨慎；如果我考察你的任何体系，那么在我对它发起反驳和质疑时，我的行动没有你一半谨慎和拘谨（reserve）。然而，要是你想到什么，你就说出来让我们受惠。

那么，克里安提斯答道，在我看来，尽管这个世界在很多情况下像动物的身体，但这个类比在许多最重要的情况下也是有缺陷的：没有感觉器官，没有思想或理性的场所（seat）；没有一个确切的运动和活动起源。总之，它与植物的相似似乎强于与动物的相似；而你偏爱世界灵魂的推论目前没有说服力。

但其次，你的理论似乎蕴含着世界的永恒，我想，这是一个能为最强的理由和可能性所反驳的原理。我将为此目的提出一个论证，这个论证我相信不曾为任何著作家所坚持。那些根据技艺和科学的近期起源（the late origin）来推理的人——虽然他们的推论不无力量——或许会遭到源于人类社会本性的考虑（considerations）的反驳，而人类社会是处于无知和有知、自由与奴役、富庶与贫穷的不断变革之中的；因此我们不可能根据我们的有限经验有把握地预言什么事件可能或不可能被预料。野蛮民族涌入（inundation）之后，古代的学问和历史似乎陷入了完全消亡的巨大危险之中；而且如果这些动乱持续的时间再长一些，或者再剧烈一些，现在我们就可能不知道世界在我们之前的几个世纪里发生了什么。而且，要不是因为教皇们——他们为支持古老而普遍的教会的出现而保存了一些拉丁语行话——的迷信，那种语言已经必定完全消失了：在这种情形下，完全野蛮的西方世界就一点也不适宜于接受（在君士坦丁堡的洗劫之后传播给他们的）希腊语言和学问了。如果学问和书籍都已经被毁灭，那么甚至机械技艺也会严重衰退；并且很容易想象，神话（fable）或传说就会把一个比真实起源迟得多的起源归于它们。因此，这个反对世界永恒的通俗

（vulgar）论证似乎有点不牢靠。

但这似乎是一个更好论证的基础。卢库鲁斯（Lucullus）是第一个把樱桃树从亚洲带到欧洲的人；尽管这种树现在在许多欧洲气候区（climates）长得如此之好，以至于不用栽培就在树林里生长。有没有可能：在整个永恒之中，从没有一个欧洲人进入亚洲，并想到把如此美味的水果移植到他自己的国家？或者如果这树曾经被移植并传播开来，后来又怎能消失呢？帝国可能起起落落；自由和奴役交替出现；愚昧与知识彼此交替；但樱桃树仍将生长在希腊、西班牙和意大利的树林中，并且绝不受人类社会变革的影响。

葡萄被移植到法国还不到两千年，但世界上没有比这更有利于它们的气候区了。从知道美洲有马、牛、羊、猪、狗、谷物至今，还不到三百年。有没有可能：在整个永恒的变革期间，从未出现一个哥伦布来开辟欧洲和美洲之间的交流（communication）？我们也可以想象，所有的人穿了一万年的袜子，却从未有意识地想过用袜带去系住它们。所有这些似乎都是世界处于年轻时期——或者毋宁说是婴孩时期——令人信服的证据；因为它们建立在比借以管理和指导人类社会的原理更持久、稳定的原理的活动之上。只有彻底的元素骚动（convulsion）才会毁灭当前在西方世界所发现的所有欧洲动物和植物。

斐罗答道，你有什么论证来反对这种骚动呢？整个地球都可以找到强有力而几乎不容争辩的证据，来证明这个地球的每一部分都曾世世代代完全被水淹没。虽然秩序被假定与物质不可分开，内在于它；但穿过永恒无尽的岁月，物质可能发生许多巨大的变革。它的每个部分所经历的不断变化，似乎暗示了一些这类普遍变革；尽管同时可以看到，我们曾经经验的所有变化与腐坏，只是从一种有序状态到另一种有序状态的过渡；物质绝不能保持在完全的畸形和混乱之中。我们在部分中所见的，我们可以在整体中推定（infer）；至少，这是你的全部理论所依赖的推理方法。如果我必须为具有这种本性的任何特殊体系辩护（这是我决不愿意做的），那么我认为把一个永恒的、内在的秩序原理归于这个世界是再合理（plausible）不过的了；尽管这个世界伴有巨大而持续的变革和变化。这就立刻解决了所有困难，如果这个解决办法由于如此普遍而并非十分完整和令人满意，那它至少是我们无论采纳何种体系都迟早必须求助的一个理论。倘若在思想或物质的某处没有一个源始的、内在的秩序原理，万物如何能是它们之所是呢？而这与我们偏爱它们中的哪一个非常无关。根据任何怀疑主义或宗教的假设，偶然性（chance）都是没有立足之地的。每一事物确实都为稳定而不变的法则所支配。如果万物最内在的本质向我们敞开，那我们就会发现一种我们目前对之没有观念的景象。不必称赞自然存在物的秩序，相反我们应该清楚看到，它们绝不可能在最细微的事情（article）上容许任何其他安排。

如果任何人倾向于恢复古代的异教神学（Pagan Theology）——它主张，正如我们从赫西俄德那里所学到的，这个地球为三万个来自未知的自然力量的神所支配，那么克里安提斯，你会自然地反对说，这个假设毫无用处，而且假设所有的人和动物——

数量更多但更不完满的存在者——直接产生于一个相同的本源，同样容易。将这一相同的推论再向前推一步，你就会发现成员众多的神界与在自身之内拥有整个神界的力量和完满性的一普遍神（one universal Deity）一样说得通。因此根据你的原理，你必须承认，所有这些怀疑主义、多神论和一神论的体系处境相同（on a like footing），没有哪一个具有对其他体系的任何优势。这样你就可以明白你的原理的谬误了。

# 第七篇

但如今，斐罗接着说，在考察世界灵魂的古代体系时，我忽然想到一个新观念——如果是正确的，它必定几乎要颠覆你的所有推理，甚至摧毁你如此信赖的起始（first）推论。假如宇宙与动物身体和植物具有比与人类技艺的作品的相似更大的相似，那么它的原因更可能与前者的原因相似，而不是与后者的原因相似，并且它的起源与其归于理性或设计，不如归于生殖或生长。因此你的结论即使根据你自己的原理也是站不住脚、有缺陷的。

第美亚说，请进一步展开这个论证。因为我没有以你表述它的那种简洁方式正确理解它。

斐罗答道，我们的朋友克里安提斯认为——正如你已听到的——既然事实的问题没有不通过经验证明的，那么神的存在也不允许来自任何其他媒介（medium）的证明。他说，这个世界与人类设计的作品相似：因此它的原因也必须与后者的原因相似。这里我们可以注意到，自然十分微小的部分（即人）对于另一十分微小的部分（即他伸手可及的无生命物质）的作用，就是克里安提斯借以判断整体起源的规则；而且他用相同的个别标准去衡量如此不相称的对象。但为了撇开这个论题所引起的所有反驳，我主张宇宙还有其他部分（除了人类发明的机械）与世界的结构更相似，并因此提供了一个关于这一体系的普遍起源的更好揣测。这些部分就是动物和植物。这个世界显然更相似于一个动物或植物，而不是一块表或一架纺织机。因此它的原因更可能与前者的原因相似。前者的原因就是生殖或生长。因此我们可以推断世界的原因是某种相似或类似于生殖或生长的东西。

第美亚说，但怎么能设想世界起源于相似于生殖或生长的任何事物呢？

非常容易，斐罗答道。正像一棵树将它的种子散播于邻近的原野，并生出其他的树来；这棵巨大的植物即世界或者这个行星体系，在自身中生出某些种子，这些种子被散播在周遭的混沌中，生长成新的世界。比方说，彗星就是一个世界种子，它在充分成熟之后，在太阳和星星之间来回移动，最后被投入弥漫在宇宙周围的未成形的元素当中，并立即生长为一个新的体系。

或者为了换换花样（因为我看不到其他好处），我们假设这个世界是一个动物；彗星是这个动物的蛋；正像一只鸵鸟在沙子里生蛋，它孵蛋，对蛋没有任何更多的照顾，并生出一个新的动物；……

第美亚说，我懂了，但这是多么荒诞、武断的假设啊！你有什么论据（data）得出这些不寻常的结论？世界与植物或动物细微的、想象的相似就足以对两者作出相同的推论吗？它们是总体上如此不同的对象；它们岂可互为标准？

对，斐罗叫道，这正是我一向坚持的论点。我仍然认为，我们没有建立任何宇宙演化学（cosmogony）体系的论据。我们的自身经验如此不完善，在范围和持续时间上如此有限，因此不能为我们提供关于事物整体的可信（probable）揣测。但如果我们偏要选定某个假设，请问，我们应该根据什么规则来作选择？除了相比较的对象有更大的相似之外，还有任何其他规则吗？产生于生长或生殖的植物或动物，比起产生于理性和设计的任何人造机械来，不是与世界更相似吗？

但你说的生长和生殖是什么呢？第美亚说。你能说明它们的作用，并分析它们所依赖的精微的内在结构吗？

斐罗答道，至少能做到克里安提斯说明理性的作用或分析它所依赖的内在结构的程度。但当我看见一只动物，用不着任何这样的精细研究，我就推断它是由生殖而来的，并且像你推断一所房子为设计所建造一样有把握。"生殖""理性"等词仅仅表示自然中的某些力量和能力（energies）——它们的结果是已知的，但它们的本质却不可理解；这些原理中的一个——不是其他原理——没有特权被拿来当作整个自然的标准。

第美亚，实际上，我们可以合理地预期，我们对事物的看法愈开阔，这些看法就愈能指导我们对如此不寻常、如此宏伟的论题作推断。只是世界的这个小小角落里，就有理性、本能、生殖、生长等四个原理，它们彼此相似，并且是相似结果的原因。假如我们能从一个行星旅行到另一个行星、从一个体系旅行到另一个体系，以考察这个巨大结构的每一部分，那么我们可以自然地假设在浩瀚无垠、复杂多样的宇宙中有多少其他原理呢？上述四个原理（以及我们可以随意揣测的其他成百上千个原理）中的任何一个，都可以为我们提供一个借以对世界起源作出判断的理论；将我们的视野（view）完全限制于我们自己的心灵借以起作用的那个原理，是明目张胆、令人震惊（egregious）的偏私。如果这个原理由于那个缘故而更可理解，那么这样的偏私或许还稍可原谅，但实际上，理性——在它的内部结构和构造方面——像本能或生长一样几乎不为我们所知；或许甚至自然（大众把一切都归于自然）这个含糊不明的词本质上也不是更难解释。这些原理的结果都为我们从经验中认识，但原理本身及其作用的方式，是完全未知的。说世界是从另一个世界中所脱落的种子生长而成，和说它（按照克里安提斯理解它的意义）产生于神圣理性或设计，是同样可理解、同样与经验相符的。

第美亚说，但我想，如果世界具有生长特性，并将新世界的种子散播于无限的混沌之中，那么这种能力仍然是其造物主的设计论证的一个添加。因为如此奇妙的官能除了从设计而来，还能从哪来？否则，秩序怎能从任何没有觉察到自己所赋予的那种秩序的事物而来呢？

斐罗答道，你只须环顾四周，就可在这个问题让自己满意。一棵树将秩序与组织赋予它所生的那棵树，却不知道那个秩序；一个动物对于它的后代、一只鸟对于它的巢穴同样如此：在这个世界，这类例子甚至比产生于理性和设计的秩序的例子更常见。

说动物和植物中的所有这种秩序最终都产生于设计乃是回避问题；那种伟大的观点（great point）只能通过先天地证明秩序由于其本性与思想密不可分，而且绝不能由于自身或源始的未知原理属于物质，而得到确定。

而且，第美亚，你提出的这个反驳，克里安提斯如果不放弃他针对我的一个反驳所作的一个辩护，就绝不能为他所用。当我探究那个至上理性与理智（他把任何事物都分解成它们）的原因；他告诉我，满足这些探究的不可能在任何一种哲学中都绝不能被承认是一种反驳。他说，我们必须停在某处，解释终极原因或者说明任何对象的最后关联从未在人类的能力范围之内。如果到目前为止这些步骤（steps）为经验和观察所支持，那就足够了。现在不可否认的是，生长和生殖——和理性一样——都被经验为自然中的秩序原理。如果我使我的宇宙演化学体系依靠前者，而不依靠后者，那也是我的选择。这事情看来完全是随意的。如果克里安提斯问我，我的伟大的生长或生殖能力的原因是什么，我同样有权利问他，他的伟大的推理原理的原因又是什么。这些问题，我们同意双方都忍住不提起；而目前遵守这个协议主要对他有利。以我们有限而不完全的经验来判断，生殖具有一些超越理性的特权：因为我们总是看见后者出自前者，从未看见前者出自后者。

我恳请你比较双方的结果。我说，世界像一个动物，于是它就是一个动物，于是它就从生殖而来。我承认，这些步伐是宽了些；但每一步伐都有类比的某种细微显现（appearance）。克里安提斯说世界像一个机器，于是它就是一个机器，于是它就产生于设计。这些步伐同样宽，但类比却更不明显。如果他妄图将我的假设往前推一步，从我所主张的伟大的生殖原理中推出设计或理性，那我就可以以更好的理由使用同样的自由，将他的假设往前推，从他的理性原理中推出神的生殖或神谱。我至少具有少许模糊的经验，而这是目前这个论题所能达到的极限了。理性在无数例子中被看到产生于生殖原理，从未被看到产生于任何其他原理。

赫西俄德以及所有的古代神话学家，对这个类比如此着迷，以至于他们普遍根据动物的分娩（birth）和交媾来解释自然的起源。柏拉图——就他是可理解的而言——在其《蒂迈欧篇》中似乎也采用了某种这类观念。

婆罗门（Brahmins）认为，世界产生于一个无限的蜘蛛，他从他的肠内吐出这复杂的一整块，然后通过再次吸收它、把它变成他自己的本质来毁灭这个整体或它的任何部分。这是一种宇宙演化学，在我们看来很荒唐；因为蜘蛛是多少有点卑贱的动物，我们绝不可能把它的活动当作整个宇宙的模型。但这仍然甚至是我们地球上的一种新的类比。如果有一个地球全部居住着蜘蛛（这是非常可能的），那么这个推论在那里就会显得和在我们地球上将万物的起源归于设计和理智（像克里安提斯所解释的）的推论一样自然和不可辩驳。为什么一个有序系统不能像从脑中一样从腹中吐出，他将难以给出一个令人满意的理由。

克里安提斯答道，我必须承认，斐罗，在所有活着的人当中，你所承担的提出质疑和反驳的工作最适合你，而且在某种意义上对你来说是自然而不可避免的。你的创造力如此巨大，以至于我并不羞于承认自己不能迅速而有条理地解决你不断地向我提出的这些不同寻常的困难：尽管总体而言，我很清楚它们的谬误和错误。并且我不得不怀疑你自己的情况也一样，也没有像反驳那样现成的解决办法；而你一定意识到，常识和理性完全在反对你，你所发表的这些怪论（whimsies）可以使我们困惑，却不能使我们折服。

# 第八篇

斐罗答道，你所归于我的创造力的东西，完全是由于这个论题的本性。在适合于人类理性的狭小范围的论题内，通常只有一个具有可能性或说服力的结论；对于一个具有健全判断力的人来说，那个假设之外的所有其他假设都显得完全荒谬和异想天开。但在目前这样的问题上，成百个对立的观点可能保持一种不完全的类比；创造力（invention）在这里便有充分发挥作用的余地。我相信不用费多大思想，我就能立即提出其他具有真理的某种模糊外表（appearance）的宇宙演化学体系；尽管如果你的或者我的任何一个体系是真的，那也只有千分之一或百万分之一的可能性。

比方说，要是我重新唤起古老的伊壁鸠鲁假设（the old Epicurean hypothesis），又会怎样呢？这个假设通常——我相信也是正确地——被认为是迄今为止人们所提出的最荒谬的体系；不过，我不知道它若稍作改动能否具有可能性的模糊外表（appearance）。不像伊壁鸠鲁那样假设物质是无限的，让我们假设它是有限的。有限数量的粒子只容许有限的位置变换（transpositions）；而且必然发生的是，在永恒的持续中，每一可能的秩序或位置必定被尝试了无数次。因此，在这个世界及其所有事件（即使是最微小的事件）之前被创造、被毁灭，将来还要被创造、被毁灭，没有任何限制和止境。没有一个具有无限（与有限相对）力量概念的人会对这个结论有半点迟疑。

第美亚说，但这意味着物质没有任何具有自由意志的行动者（voluntary agent）或第一推动者，就获得了运动。

斐罗答道，那个假设的困难在哪里呢？每一事件在经验之前都同样困难而不可理解；每一事件在经验之后都同样容易而可理解。在许多事例中，来自重力、弹力、电的运动始于物质，没有任何已知的具有自由意志的行动者；而在这些情形下常常假设一个未知的具有自由意志的行动者，也只是假设而已；并且是不带来任何好处的假设。运动开始于物质自身与它传自心灵和理智一样是先天可设想的。

此外，运动在永恒中为什么不能通过推力来传播，它的相同储备（stock）或近乎相同的储备为什么不能在宇宙中得到保持呢？运动的组合损耗了多少，它的分解就补充多少。不管原因是什么，事实肯定是：就人类经验或传统所及，物质是且总是不断地骚动着。目前整个宇宙中可能没有一颗绝对静止的物质粒子。

斐罗继续说，我们在辩论过程中碰巧遇到的这个考虑，提示（suggest）了一个宇宙演化学的新假设，这个假设并非绝对荒谬和不可能的。有一个事物的体系、秩序或组织，物质能借之保持那种永恒的骚动（这种骚动似乎是它的本质），却维持形式（这些形式产生于它）上的恒常不变吗？确实有这样一个组织：因为这实际上是当前世界的情形。因此物质的不断运动，在并非无限的位置变换中必然产生这个组织或秩序；而那个秩序一旦建立起来，它出于自身的本性就会自我维持许多时代——如果不是永恒的话。但只要物质被如此平衡、安排和调整以保持永恒的运动，却维持形式上的恒常不变，它的情况就必定同样具有我们目前所见到技艺和设计的外表。每一形式的所有部分必定相互联系，也必定与整体有关系：整体自身必定与宇宙其他部分有关系；与形式所寓存的元素必定有关系；与它用来弥补它的损耗和衰减的质料必定有关系；与所有其他敌对或友好的形式必定有关系。这些细目（particulars）中的任一缺陷会毁坏那个形式；构成它的物质又一次被释放出来，并被投入不规则的运动和骚动之中，直到它把自己结合成某种其他有规则的形式。如果没有这样的形式准备好接纳它，如果宇宙中有大量这种被毁坏的物质，那么宇宙自身就完全没有秩序了；不管它是世界太初时期的虚弱胚胎——这个胚胎就这样被毁灭，还是饱受年迈和疾病之苦的世界的腐烂尸体。在哪一种情况下都是一片混沌，直到有限（尽管数不清）的变革最后产生一些形式，这些形式的部分与机构（organs）被如此调整，以便在物质的持续接替中保持形式。

假设（因为我们要努力改变表达方式）物质被盲目的、不受控制（unguided）的力抛入任何状况中；显然，这个第一状况必定多半是可想象的最混乱、最无序的，与那些人类设计的作品——除了各部分的对称，它们还表现出手段对于目的的适应和自我保存的倾向——没有任何相似之处。如果这个驱动力在这次活动之后就停止了，物质必定永远保持在无序之中，并保持一种无限的混沌，没有任何比例（proportion）或活动。但是假设这个驱动力——不管它是什么——继续保持在物质之中，那么这个第一状况会立即让位于第二状况，同样，这个第二状况多半会和第一状况一样没有秩序，以此类推，经历许多的变化和变革更替。没有一个特殊的秩序或状况会保持片刻的不变。一直在活动的源始力量给予物质以永恒的骚动（restlessness）。每一可能状况被创造后，又立刻被毁灭。如果秩序的曙光出现了片刻，那个推动物质各个部分的永不停息的力会立即把它匆匆赶走，把它搞乱。

这样，宇宙在一种混沌和无序的不断接替中持续了很长一段时间。但它不能最后稳定下来，以至于不失去其运动和动力（active force）（因为我们已假设内在于它之中），却可以在其部分的不断运动和涨落起伏之间保持表面上的不变吗？我们发现这就是目前这个宇宙的情形。每一个个体、每一个个体的每一部分永远在变，但整体表面上却保持不变。根据不受控制的物质的永恒变革，我们不可以盼望甚至确信这样的立场吗？这不可以解释宇宙中出现的所有智慧与设计吗？让我们稍稍打量这个论题，我们就会发现，形式的表面稳定性（若为物质所得）和各部分实在的、永恒的变革或运动之间的协调（adjustment），为这个困难提供了一个合理的

（plausible）——如果不是正确的——解决办法。

因此，强调动物或植物中各部分的用处，以及各部分之间的奇妙协调（adjustment），是徒劳的。我很想知道，一个动物，倘若各部分不这样协调，如何能生存呢？我们不是发现，只要这协调停止，它就立即死亡，而它正在腐坏的物质就尝试某种新的形式吗？实际上，世界的各部分如此协调，以至于某种有规则的形式立刻争取（lay claim to）这个腐坏了的物质；如果不是这样，世界能维持吗？它不是必定像动物一样解体并经历新的状况和情况，直到在一个巨大但有限的序列中，最后陷入目前或某个这类秩序之中吗？

克里安提斯答道，好在你告诉我们，这个假设在辩论过程中是突然被提出来的。如果你有空去考察它，你本会很快察觉到不可克服的反驳——它就暴露在这些反驳之下。你说，没有一个形式能够维持下去（subsist），除非它具有其维持所必需的能力和器官（organs）；某种新的秩序或组织必须不断地被尝试；直到最后某种能够支持和维持自身的秩序降临。但是根据这个假设，人和一切动物所具有的许多便利和优势从何而来呢？两个眼睛、两个耳朵不是人类的生存绝对必需的。没有马、狗、牛、羊和那些让我们满意和享受的数不胜数的果实和制品，人类可能还是会得到繁衍和保存。倘若骆驼没有为了人在非洲和阿拉伯沙漠之中的使用而被创造出来，世界就会解体吗？倘若没有磁石被设计出来把奇妙而有用的指示给予那个指针，人类社会和人类会立刻灭亡吗？尽管自然的原则（maxims）总体上非常节俭，但这一类事例却远非罕见；它们中的任何一个都是设计——而且是一个产生了宇宙的秩序与安排的仁慈设计——的充分证明。

斐罗说，至少你可以放心地推断，上述假设就此而言是不完全和有缺陷的；我会毫不迟疑地承认这一点。但我们还能合理地期盼任何具有这种本性的尝试的更大成功吗？或者，我们还能希望建立一个宇宙演化学体系——它不会有例外，也不会包含与我们对自然的类比的有限的、不完全的经验相抵触的情节？就是你的理论自身也不能有把握地自诩有任何这种优点；纵使你陷于神人相似论之中，以便更好地保持与普通经验的一致。让我们再次审察它。在我们见过的所有事例中，观念从实在对象（real objects）复制而来，是副本（ectypal），不是原本（archetypal）——这是用学术的术语来说；你颠倒了这一顺序，给思想以优先地位。在我们见过的所有事例中，思想对于物质没有作用（influence），除非物质与它如此结合以至于对它有一种相等的反作用（reciprocal influence）。没有动物能够直接推动它自己的肢体之外的任何东西；而实际上，作用与反作用（re-action）的相等似乎是一个普遍的自然规律：但是你的理论意味着与这种经验相矛盾。这些事例，以及容易收集的更多事例（特别是一个永恒的心灵或思想体系——或者换言之，一个不生不灭的动物——的假设），这些事例，我说，可以教导我们大家在互相指责时要冷静，并且让我们知道，既然没有这类体系由于轻微的类比就应被接受，那么也不应该有任何这类体系由于细微的不相称而被抛弃。因为那是一种我们能够正当地宣称没有人可以免除的麻烦。

　　大家承认，一切宗教体系都面临着巨大的、不可克服的困难。每个争论者轮流获胜；那时候，他展开进攻战，揭露对手的荒谬、野蛮和有害信条。但就全体而言，他们全都为怀疑论者准备了一场完全的胜利；后者则告诉他们，对于这样的论题，绝不应该抱有任何体系：理由很明显——对于任何论题都不应该同意任何荒谬的东西。彻底悬置判断是我们现在唯一合理的对策。如果神学家之间的每次攻击——正如通常所见到的那样——都是成功的，却没有防卫是成功的；那么对于总是——和全人类一起——进攻、自己却没有在任何情形下都必须防卫的固定战位（station）或者永久城邦（city）的人，其胜利必然是多么彻底啊！

# 第九篇

　　第美亚说，如果后天论证有这么多困难，那么我们不是最好坚持那简单而崇高的先天论证（argument *a priori*）——它通过给予我们绝对可靠的理证一下子去除一切怀疑与困难？通过这个论证，我们也可以证明神圣属性的无限——这种无限我恐怕绝不能由任何其他论题来确定。因为一个结果——要么是有限的，要么据我们所知，可能是有限的，我说，怎能证明一个无限的原因呢？还有，神性的统一性，仅仅从对自然作品的打量中演绎出来是非常困难的——如果不是绝对不可能；仅仅计划的一致——即使被承认了——不能给予我们那种属性的任何保证。而先天论证则……

克里安提斯插嘴说，第美亚，你似乎认为抽象论证中的那些优点和便利就是它的可靠性的充分证明。但在我看来，首先应该确定你选择坚持具有这种本性的什么论证；然后我们根据它自身，而不是它的有用后果，来设法确定我们应给予它什么价值。

第美亚答道，我所坚持的论证是那个普通论证。任何存在的东西都必须有一个它存在的原因或理由；任何事物都绝不可能产生它自身，或者是它自己存在的原因。因此，在从结果上升到原因的过程中，我们必须要么无止境地追溯一个无限的系列，却没有任何终极原因，要么必定最后诉诸某个必然存在的终极原因：现在，第一个假设可以通过如下方式证明是荒谬的。在因果的无限链条或系列之中，每个单一的结果的存在都为紧接着的原因的力量和效能（efficacy）所决定；但整个的永恒链条或系列，就整体而言，却不为任何事物所决定或产生：它显然和在时间中开始存在的任何特殊对象一样，需要一个原因或理由。为什么是这个特殊的原因系列自永恒起就存在，而不是任何其他的系列，或竟根本没有系列，这个问题仍然是合理的。如果没有必然存在的存在者（necessarily existent Being），那么能够形成的任何假设都是同样可能的；无（nothing）自永恒起就存在，并不比构成宇宙的那个原因系列更荒谬。那么，究竟是什么决定某物存在而不是无物存在，并将存在（being）唯独赋予一种特殊的可能性？外部原因？应该没有。偶然性是一个无意义的词。是无（nothing）吗？但它绝不能产生任何东西。因此，我们必须求助于一个必然存在的存在者，他自身中携带着他存在的理由；并且假设他不存在不能不是一个明显的矛盾。所以，存在着这种存在者，即存在着神。

克里安提斯说，我不想让斐罗（尽管我知道发动反驳是他主要的乐趣）来指出这个形而上学推理的弱点。在我看来，它如此明显地站不住脚，同时对真正虔诚和宗教的事业如此无用，以至于我将亲自冒昧指出它的谬误。

　　我将首先指出，自诩理证一个事实或者通过任何先天论证来证明它，是一个明显的谬误。没有什么是可理证的，除非它的反面蕴含着一个矛盾。没有什么可清晰设想的东西是蕴含着矛盾的。我们设想为存在的东西，我们也能设想为不存在。因此，没有哪个存在者的不存在蕴含着矛盾。所以，没有哪个存在者的存在是可理证的。我把这个论证作为具有完全决定性的论证提出来，并愿意让全部的争论倚靠它。

　　据称，神是一个必然存在的存在者；而他存在的这一必然性又企图通过以下主张来解释，即：如果我们知道他的全部本质或本性，我们就会觉察到他不存在就像 $2 \times 2$ 不等于 4 一样不可能。但显而易见，只要我们的官能仍然像现在这样，这就绝不可能发生。我们任何时候设想以前我们设想为存在的东西的不存在都将仍然是可能的；心灵也不能永远为假设任何对象总是保持存在的必然性所支配——这种必然性就如同我们总是设想 $2 \times 2$ 等于 4 那样的必然性。因此，"必然的存在（necessary existence）"

的字眼是没有意义的；或者，这是一样的，没有什么是一贯的。

但是更进一步地说，根据这个所谓的必然性解释，这个物质宇宙为什么不可以是必然存在的存在者呢？我们不敢断言我们知道了物质的所有性质；我们或许可以确定，它可能包含某些性质——这些性质如果被认识，就会使其不存在显得是一个像 $2 \times 2$ 等于 5 一样巨大的矛盾。我只发现一种用来证明物质世界不是必然存在的存在者的论证；而这个论证来源于世界的质料和形式两者的偶然性（contingency）。据说 [1]，"任何一个物质粒子都可以设想其毁灭；任何形式都可设想其变化。因此这样的毁灭或改变不是不可能的"。但不觉察到以下两点看来是巨大的偏私：就我们所具有的神的任何概念而言，相同的论证同样扩展到他身上；心灵至少能够想象他不存在或者他的属性被改变。能使他的不存在显得不可能，或使他的属性不可改变的，必定是

---

[1] 克拉克博士。

某些未知的、不可设想的性质：但对于为什么这些性质不可能属于物质，却没有理由可以提出。既然它们是完全未知的和不可设想的，那就绝对不能证明它们与物质不相容。

此外，在追溯一个永恒的对象序列时探究总因或第一造物主（a general cause or first Author），似乎是荒谬的。既然那种关系蕴含着一个时间上的在先之物和一个存在开端，那么任何自永恒就存在的事物怎能有一个原因呢？

而且，在这样一个对象链条或系列中，每一部分都由先于它的部分产生，并都产生后于它的部分。那么，困难在哪呢？但整体，你说，需要一个原因。我答道，把这些部分结合为一个整体，如同把几个不同的国家结合为一个王国，或者把几个不同的器官（members）结合为一个身体，仅仅是心灵的一种任意行为，对事物的本性却没有影响。如果我把一个由二十个物质粒子组成的集合中的每一个个体的特殊原因都告诉你，然后你来问我，这整个集合的原因是什么，那么我会认为这非常不合理。因为这在解释各部分的原因时就得到充分解释了。

斐罗说，克里安提斯，虽然你所强调的那些推理足以使我不再提出任何进一步的异议；但我禁不住还要强调另一个主题。算术家注意到，9 的乘积总是构成 9 或者 9 的某个较小的乘积；如果你把构成 9 的任何一个乘积的所有数字加起来。比方说，在 9 的乘积 18、27、36 中，你通过 1+8，2+7，3+6 得到 9。比方，369 也是 9 的乘积；如果你把 3、6 和 9 加起来，你就得到 18—9 的一个较小的乘积。①对于一个肤浅的观察者，如此奇妙的一种规律性（regularity）会被推崇为偶然性或设计的结果；但一个熟练的代数学家立即推断这是必然性的产物，并理证它必定永远产生于这些数的本性。我要问，宇宙的整个组织不也可能由一个相似的必然性所支配——尽管人类代数还没有办法解决这个困难——吗？不钦佩自然存在物（beings）的秩序，如果我们能够洞察物体的固有本性，那么我们不能清楚地看

---

① *République des Lettres*, Août, 1685.

到它们绝不容许任何其他安排的理由吗？将这种必然性观念引入当前的问题是如此危险！而它如此自然地提供了一个直接违背宗教假设的推论！

　　斐罗接着说，但丢开所有这些抽象物（abstractions），把我们限于更为熟悉的论题；我要大胆补充一个说法（observation），就是，先天论证很少被发现是非常有说服力的，除非是对于那些具有形而上学头脑（head）的人们——他们习惯于抽象推理，并由于从数学中发现知性常常经由晦涩通向与最初现象（first appearances）相反的真理，将同一思想习惯搬到它没有立足之地的论题上去。其他人，即使是具有良好判断力和最倾心于宗教的，总觉得这样的论证具有某种缺陷，尽管他们也许没有能力清楚解释它在哪。这就可靠地证明了，人们过去总是、将来总是把他们的宗教信仰追溯到这种推理之外的其他根源。

# 第十篇

　　第美亚答道，我承认，我是认为每个人在他自己的胸（breast）中以某种方式感受（feel）宗教的真理；是对自己的无能（imbecility）和不幸的意识，而不是任何推理，引导他去寻求来自他和一切自然所依赖的那个存在者的保护。即使是最好的生活景象也是如此让人不安和厌烦，以至于未来仍然是我们的所有希望和恐惧的对象。我们不断地向前看，努力通过祈祷（prayers）、礼拜（adoration）和牺牲（sacrifice）来平息那些我们通过经验发现如此有能力折磨和压迫我们的未知力量。我们是多么不幸的被造物啊！如果宗教不推荐一些赎罪方法，平息那些不断烦扰和折磨我们的恐惧，那我们在这数不尽的人生之恶中有什么慰藉（resource）呢？

斐罗说，我确实相信，让每个人都有一种应有的宗教意识（sense of religion）的最好的，而且实际上是唯一的办法，就是对人的不幸和罪恶的恰当描述。对于这个目的，雄辩和强大想象力的才干比推理和论证的才干更必需。因为有必要去证明每个人在自身中（within himself）所感受到的东西吗？有必要的只是让我们感受它——如果可能，更亲切、更敏锐地感受它。

第美亚答道，人们确实充分相信这个伟大而令人忧郁的真理。人生的苦难、人的不幸、人性的普遍堕落，快乐、财富、荣誉不能令人满意的享受；这些短语在一切语言中几乎成了谚语。谁能怀疑所有人根据自己的直接感受（feeling）和经验所断言的东西？

斐罗说，在这一点上，学者和俗人（the vulgar）完全一致；在一切神圣的和世俗的文学中，人类不幸的主题都以悲伤和忧郁所能激起的最凄惨的修辞

（eloquence）得到强调。诗人根据情感（sentiment）说话，没有体系，其记述因此更有权威，他有很多具有这种本性的形象（images）。从荷马到杨格（Young）博士，整个受启发的团体（tribe）始终意识到，其他的事物描述都不适合于每个个体的感受和观察。

第美亚答道，至于证据（authorities），你不需要去寻找它们。环顾克里安提斯的这个书房，我要大胆断言，除了像化学或植物学这样的特殊（particular）科学的著作家（他们没有机会去讨论人生），那些不可胜数的作家中几乎没有一个作家，人类的苦难意识（sense）不在某段或其他段落中，逼取他对它的控诉（complaint）和供认（confession）。至少，机会（chance）完全在这边；就我所能想起的来说，不曾有一个著作家放肆到否认它。

斐罗说，你得原谅我打断一下：莱布尼茨就否认它，他也许是敢于提出如此大胆和悖谬意见的第一人 ①；至少，他是让它对于他的哲学体系至关重要

_____

① 在莱布尼茨之前，这种观点也为金博士（Dr. King）以及少数其他人所主张，不过他们都没有那位德国哲学家的巨大名声。

（essential）的第一人。

第美亚答道，由于他是第一人，他就意识不到他的错误吗？哲学家们能够在这个论题中——尤其在如此晚近的一个时代——计划获得新发现吗？任何人能够希望通过简单的否认（因为这论题几乎不容许推理）压倒建立在感受（sense）和意识之上的、一致的人类见证吗？

他补充说，为什么人应该妄求免于所有其他动物的命运呢？斐罗，相信我，整个地球都是被诅咒（cursed）、被败坏的。一切生物之间的一场永久的战争被煽动起来。贫困、饥饿和贫乏激起强壮和勇猛的人；害怕、不安和恐惧激起弱小的人。出生就给新生儿和他可怜的母亲带来痛苦（anguish）：那一生的每一阶段都伴随着虚弱、无能和痛苦；他最后在极度痛苦与恐惧之中走向终点。

斐罗说，再看看自然使每一生物的生活更痛苦的奇妙诡计吧。强者劫掠弱者，使它们陷于永远的恐惧和不安之中。弱者也常常反过来劫掠强者，并且毫不松懈地烦扰和骚扰他们。想想那无数种昆虫，它们或者寄生在每个动物身上，或者飞来飞去把它们的螯刺入动物体内。比它们小的其他昆虫又折磨它们。因此在前后、上下的每一方面，每个动物的周围都是不断寻求它的苦难和毁灭的敌人。

第美亚说，似乎只有人在某种程度上是这个规则的例外。因为通过社会结合，他能够轻易制服狮、虎、熊，尽管它们有更大的力量而且更敏捷，天然地使它们能够捕食他。

斐罗叫道，相反，首先在这里，自然统一和平等的原则（maxims）最为突出。人的确能够通过结合来制服他所有真正的敌人，成为整个动物界的主人；但他不也立刻培养了自己的想象敌人，即他幻想的魔鬼（daemons）——它们用迷信的恐惧来纠缠他，摧毁每一种生活享受？他的快乐——正如他想象的那样——在它们眼中，成了罪过；他的食物和休息让它们生气和反感；他的睡眠和梦给不安的恐惧提供了新的素材；甚至死亡——他避开一切其他恶（ill）的庇护所——也只带来对无穷无尽和不可胜数的灾难的畏惧。迷信对不幸凡人的不安情愫

（breast）之侵扰，就如狼对畏怯的畜群之侵扰。

其次，第美亚，请想想；我们借以制服那些野兽、我们的自然敌人的这个社会；它没给我们引来什么新的敌人？它不带来什么灾难和不幸？人是人最大的敌人。压迫、不正义、轻蔑、傲慢、暴力、骚乱、战争、诽谤、背叛、欺诈，通过这些他们互相折磨；假如他们不是害怕他们的分裂必定带来更大的恶，他们会立即解散他们所组成的社会。

第美亚说，虽然这些来自动物、人、攻击我们的所有因素的外部攻击，形成了一个可怕的灾难目录，但比起那些在我们自身内由身心失调所产生的苦难，这都不算什么。多少人遭受疾病的持续折磨？听听伟大诗人感人肺腑的列举吧。


> 肠的结石和溃疡，绞痛，
>
> 恶魔似的疯狂，失魂落魄的忧郁，
>
> 还有受了月感而得的疯狂，让人憔悴的衰老（atrophy），
>
> 消瘦和到处肆虐（wide-wasting）的瘟疫。

　　可怕的不安（tossing），深沉的呻吟：绝望

　　伴随着病人，最忙碌地从一个病床到另一

个病床。

　　在他们头上，得意洋洋的死神挥舞他的标

枪（dart），

　　却迟迟不发，虽然常常祈求

　　许下誓愿，就像死亡是他们的首善和最后

的希望。①

　　第美亚继续说，心灵的混乱尽管更隐蔽，却或许并未使人减少忧郁和烦恼（vexatious）。悔恨、羞耻、痛苦、愤怒、失望、焦虑、恐惧、沮丧、绝望，谁的人生未曾经历这些折磨人的东西的残酷侵袭？多少人几乎不曾感受过任何更好的感觉？人人所憎恶的劳苦和贫困是绝大多数人不可逃避的命运；而那些闲适和富足的极少数享有特权的人，也从未得到满足或真正的幸福（felicity）。人生所有的

---

① 密尔顿：《失乐园》卷十一。

善（goods）加起来也产生不了一个非常幸福的人；但实际上，所有的恶（ills）加起来却会产生一个不幸的人；它们中的几乎任何一个（谁能避免每一个恶）——而且往往一个善的缺乏（谁能拥有所有的善）——便足以让生活变得不合宜。

如果一个陌生人突然到访这个世界，我要把如下事物作为它的恶的实例（specimen）向他展示：充满疾病的医院，挤满犯人和债务人的监狱，布满了尸体的战场，在海洋中艰难挣扎的船队，在僭政、饥馑或疫疬下受苦的国家。为了让人生快乐的一面转向他，给他人生诸快乐的概念，我该把他带去哪里呢？带去舞会、歌剧、宫廷吗？他会正确地认为我只是把不同的痛苦和忧伤向他展示而已。

斐罗说，如此明显的例子是无法回避的——除非通过申辩（apologies），但申辩还是进一步加剧了指控。我问，为什么一切时代的一切人都要不断地控诉人生的苦难呢？……有人说，他们没有正当的理由：这些控诉只是出自他们的不满意的、苦恼的、不安的性情而已。……我答道，苦难可能有比这么坏的脾气（temper）更可靠的根据吗？

但我的对手说，如果他们确实像他们所自夸的那样不幸，他们为什么还要活下去呢？……

对生不满意，却又害怕死亡。

我说，这就是锁住我们的秘密锁链（chain）。我们是受了惊吓而不是受了贿赂才维持原状或活下去的。

他可能坚持说，这只是少数人所耽溺的、把这些控诉散布于整个人类的虚妄敏感（delicacy）。……我问道，你所指责的这种敏感是什么？它只是对于人生一切苦乐的更大感受性（sensibility）吗？如果拥有敏感而细腻脾性（refined temper）的人，由于比世界上其他人敏感得多，而只能更为不幸，那么对于人生我们应该作出怎样的一般判断呢？

我们的对手说，让人们闲（at rest）下来，他们就会安心自在；他们是自己苦难的积极制造者（willing artificer）。……我回答说，不！伴随他们的闲暇而来的是令人不安的沉闷；伴随他们的活动和野心而来的是失望、烦恼和忧虑。

克里安提斯答道，像你们所提到的事情，我在其他一些人身上也能见到，但我承认，我在自己身上很少或一点也没有感受到它，我也希望它没有你们所描述的那样普遍。

第美亚叫道，如果你自己感受不到人的苦难，那么我为如此幸福的一个孤例向你祝贺。其他看起来最成功（prosperous）的人，也曾不羞于以最忧伤的语气表露他们的抱怨。让我们看看伟大的、幸运的查理五世皇帝——当他厌倦了人类的显赫权势，他就把他所有的辽阔领土交托到自己儿子手里。他在那个难忘的时刻所作的最后一次演讲中公开承认，他所享受过的最大的荣华富贵（prosperities）中夹杂着如此多的苦难，以至于他可以正当地（truely）说，他从未感到任何的满足或满意（contentment）。但是他的退休生活（他在其中寻求庇护）给他带来任何更大的幸福吗？如果我们可以相信他儿子的记述，那么他在退隐的那一天就后悔了。

西塞罗的幸运——从卑微的开始（small beginnings）上升到最大的荣耀和名望；但他为人所熟知的书信以及他的哲学论文（discourses）对于人生之恶（ills）作了何等感人肺腑的控诉啊？适合于他自己的经验，他推举（introduce）加图——伟大和幸运的加图——在晚年声明，如果给他一个新的人生，那么他会放弃目前的人生。

问问你自己，问问你的每一位熟人，他们是否会重温他们近十年或近二十年的生活。他们说，不！未来的二十年将更好：

> 从生命的渣滓中，希望获得
> 当初轻快的奔跑不能给予的东西

因此最后他们发现（这就是人类苦难的伟大，它甚至调和种种矛盾），他们同时控诉人生之短暂、人生之虚幻和悲哀。

斐罗说，克里安提斯，在所有这些以及可能想到的无数其他反思之后，你还能坚持你的神人相似论，并主张神的正义、仁慈、慈悲、正直等道德属性和人类的这些德性具有相同的本性吗？我们承认他的力量是无限的，凡是他所意欲（will）的都实现（executed）了；但不管是人还是任何其他动物都不是幸福的：因此他并不意欲他们的幸福。他的智慧是无限的：他绝不会在选择达到任何目的的手段时出错；但是自然进程并不趋向于人类或动物的幸福：因此它不是为这个目的而建立起来的。在人类知识的全部领域中，没有推论比这些更可靠、更确定。那么，他的仁慈和慈悲究竟在哪些方面与人的仁慈和慈悲相像呢？

伊壁鸠鲁的古老问题仍没有得到解决。他意欲阻止恶（evil），却没有能力阻止恶吗？那他是无能的。他有能力阻止恶，却不意欲阻止恶吗？那他就是怀有恶意的。他既能够又意欲阻止恶吗？那恶又从哪来呢？

克里安提斯，你把一个目的和意图归于自然

（我相信这是正确的）。但我请问你，她在一切动物中所展示的那种奇妙的机巧和机制的目的（object）是什么？只是个体的保存和物种的繁衍。宇宙刚刚好维持这样一个序列（rank），一点也不照顾或关心组成宇宙的各成员的幸福，这对于她的目的似乎就足够了。没有达到这个目的的策略（resource）：没有专门产生愉快或舒适的机制；没有纯粹喜悦和惬意的储备（fund）；没有不伴随某种缺乏和贫困（necessity）的放纵。至少，少数这一本性的现象也被与此相反的更为重要的现象所压倒。

我们对于音乐、和谐甚至所有种类的美的意识（sense）感到适意，这不是物种的保存与繁衍所绝对必需的。另一方面，痛风、尿砂、偏头痛、牙痛、风湿病带来剧烈的痛苦。在这里，对动物机制（animal-machinery）的伤害要么是轻微的，要么是无可救药的。欢乐（mirth）、欢笑、玩耍、嬉戏似乎是没有更多趋向的无偿乐事：抑郁、忧郁、不满、迷信，则是具有相同本性的痛苦。那么，神圣仁慈——在你们神人相似论者的意义上——如何展示出来呢？只有我们神秘主义者，像你乐于称呼我们的那样，才能通过把它追溯到无限完满而不可理解的属性，来解释现象的这种奇怪混合。

克里安提斯微笑着说，斐罗，你最终背叛了你的意图吗？你与第美亚长期保持一致确实让我有点惊讶；但我发现你一直就在搭建一个反对我的隐蔽炮台（battery）。我必须承认，你现在攻击（fall upon）了一个配得上你反抗和辩论的高贵精神的主题。如果你能证实目前这个观点，并证明人类的不幸或堕落，那么一切宗教就立刻完蛋了。因为如果神的道德属性还是可疑的、不确定的，那确立神的自然属性的目的是什么呢？

第美亚答道，你很容易对最无害的、即使在最虔诚和虔敬的人们中也最普遍地被接受的意见感到不满：而且没有什么比发现一个像关于人的邪恶与苦难这样的论题被指控为与无神论和渎神无异更令人惊讶的了。在如此多产的论题上逞其雄辩的所有虔敬的神学家和教士，我说，他们不是已经轻易地解决了可能伴随它而来的任何困难吗？这个世界比起宇宙来只是一个点而已；此生比起永恒来只是一瞬间而已。因此，目前的恶的现象会在其他领域、在某个未来的存在时期被矫正过来。那时，人的双眼向更广阔的事物视野（views）开放，看到一般规律的整体联系，并带着崇敬之情，穿过他命定的一切错综复杂之物，追寻（trace）神的仁慈和正直。

不！克里安提斯答道，不！这些武断的假设违反明显而不容争辩的事实，绝不能被接受。任何原因，除了从其已知的结果，还能从哪里去认识呢？除了明显的现象，还能从哪里证明任何假设呢？将一假设建立在另一假设之上，完全是在建空中楼阁；而通过这些揣测和虚构，我们至多只能确定我们意见的单纯可能性，但我们绝不能据此建立它的实在性（reality）。

支持神的仁慈的唯一方法（这就是我乐意采纳的）就是绝对否认人的苦难与邪恶（wickedness）。你的描述言过其实；你令人悲伤的观点大多是虚构的；你的推论违反了事实和经验。健康比疾病更常见；快乐比痛苦更常见；幸福比苦难更常见。而且我们以经历一次烦恼的代价，就得到——经计算——一百次的享受。

斐罗答道，既然承认你那极端可疑的立场，你就必须同时承认，如果痛苦不如快乐频繁，那它也要剧烈和持久得多。一个钟头的痛苦往往能够胜过我们一天、一个星期、一个月的普通而乏味的享受；而若干人有多少天、多少个星期、多少个月在最剧烈的痛苦中度过呢？快乐几乎没有一次能够达到狂欢和狂喜的；它没有一次能够在最高的顶峰和顶点持续片刻。精神衰退了，神经松懈了，结构紊乱了，而享受迅速退化为疲劳和不安。但是痛苦却经常，老天啊，多么经常地！上升为剧痛和极度痛苦；它持续得愈久，就变为愈真切的剧痛和极度痛苦。忍耐被耗尽了，勇气衰退了，忧郁抓住了我们，没有什么终止我们的苦难，除了去除其原因，或另一件事——这另一件事是治愈一切恶的唯一办法，但由于我们自然的愚蠢，我们却以更大的恐惧和惊恐对待它。

斐罗继续说，但不是为了坚持这些论点——尽管它们最明显、最确定和最重要，我必须大胆地告

诚你，克里安提斯，你已经把这个争论放在一个
最危险的议题上，而且不知不觉地把一种彻底的
怀疑主义引入自然神学和启示神学最重要的章程
（articles）。什么！除非我们承认人生的幸福，并保证
此世甚至伴有我们目前所有的痛苦、疾病、烦恼和
愚蠢的持续生存是合意的和可欲求的，我们就没有
办法确定宗教的正确基础！但这违反了每个人的感
受和经验，它违反了一个没有什么能够推翻的可靠
权威：绝不可能提出什么决定性的证据来反对这个
权威；你也不可能计算、评估和比较一切人和动物
的生活中的所有痛苦和所有快乐：这样，由于你使
整个宗教体系依赖于一个论点——这个论点由于其
本性必定永远是不确定的——你也就默默承认，那
个体系同样不确定。

　　但就算同意你那个绝不会被相信的说法（至少
是你绝不可能证明的说法），即动物或至少人类的
幸福，在此世中，超过了它的苦难；你还是什么也
没做，因为这绝不是我们所期望于无限的力量、无
限的智慧和无限的善的。这个世界究竟为什么要有

痛苦？当然不是出于偶然。那必定是出于某种原因。是出于神的意图吗？但他是完全仁慈的。它违背了他的意图吗？但他是全能的。没有什么能够动摇这个如此简练、如此清晰、如此有说服力的推理的坚固性；除非我们主张，这些论题超出了人类的一切能力，而我们普通的真假标准不适用于它们；我一直坚持这一观点，而你从一开始就轻蔑和愤慨地反对它。

但我将甘愿从这个防御壕沟（intrenchment）中撤退：因为我不相信你能把我逼在里面；我将同意，人的痛苦或苦难与神无限的力量和善——甚至按照你对它们的理解——相容：所有这些让步让你推进了什么？单单可能的相容性是不够的。你必须根据且只根据目前混乱芜杂的现象，来证明这些纯粹的、不混杂的、不可控制的属性。多有希望的一个任务啊！如果现象是十分纯粹、不混杂的，却是有限的，它们对于那个目的而言就是不够的。如果它们也十分不和谐、不协调，那它们的不足要多多少呢？

这里，克里安提斯，我发现自己在自己的论证中很自在。在这我胜利了。之前，当我们争论理智和设计的自然属性时，我需要我所有怀疑主义和形而上学的精微（subtilty）来逃脱你的掌控。在许多关于宇宙及其部分——尤其是后者——的观点中，目的因的美和适当（fitness）以如此不可抗拒的力量感动（strike）我们，以至于一切反驳都显得是（我相信它们确实是）单纯的吹毛求疵和诡辩；因此我们也不能想象，我们怎么可能对它们有任何重视。但是我们不能根据关于人生或者人类境况的观点，推断道德属性，或者认识那种与无限力量和无限智慧（我们只能通过信仰之眼去发现它们）结合在一起的无限仁慈，而没有最大的冒犯（violence）。现在轮到你用力划桨，并支持你反对朴素（plain）理性和经验的命令的哲学精微了。

# 第十一篇

克里安提斯说，我毫不迟疑地承认，我倾向于怀疑我们在所有神学著作家那里所遇到的"无限"一词的频繁重复，与其说具有哲学意味，不如说具有颂扬（panegyric）意味，而且如果我们满足于更精确、更适度的表达，那么推理甚至宗教的任何目的都会得到更好的满足。语词："令人钦佩的""卓越的""最伟大的""智慧的"和"神圣的"；这些语词足以满足人的想象；任何超出它们的事物，除了导致荒谬，并不能对感情（affections）或情感（sentiments）起作用。因此，在目前这个论题上，第美亚，如果我们放弃一切人类类比（这似乎就是你的意图），那么我恐怕我们就放弃了一切宗教，对我们所崇敬的伟大对象没有概念。如果我们保留人类的类比，那么我们就必定会始终觉得，要把宇宙中任何恶的混杂和无限的属性相调和是不可能的；我们要根据前者证明后者就更不可能了。但假设自然的创造者只是有限地完满，虽然远远超过人类；那么对于自然的和道德的恶还可以给出一个令人满意的解释，每个不合意的（untoward）现象也能得到解释和调节。这样，为了避免一个更大的恶，一个更小的恶可能就被选择；为了达成一个可欲的目的，各种不方便就被提交给它。总之，为智慧所制约、为必然性所限制的仁慈，可能恰好产生了如今这样的世界。斐罗，你是非常敏于提出观点、反思和类比的；最后，我很乐意不间断地细听你对于这个新理论的意见；如果它值得我们注意，我们可以随后更空闲时将它归约（reduce）为形式。

斐罗回答说，我的意见不值得搞得很神秘，因此我要毫不客气地说出我对于目前这个论题所想到的东西。我想，我们必须承认，如果有一个具有非常有限的理智的人——我们假定他对这个宇宙完全陌生，人们向他保证，它是一个非常善的、智慧的、强大的，却是有限的存在者的产物，那么他会根据揣测对它预先形成一个不同于我们通过经验发现它是的那个东西的概念；仅仅根据他被告知的那个原因的这些属性，他绝对想象不到结果会如此充满恶、苦难和无序——正如它在此生（this life）所显现的。现在假设这个人被带到这个世界，仍被保证它是如此崇高而仁慈的存在者的作品；他或许会对那个让人失望的世界感到惊讶；但他绝不会撤回之前的信念——如果它建立在任何非常可靠的论证之上；因为这样一个具有有限理智的人必定意识到自己的盲目与愚昧，必定承认那些现象可能有许多永远超出其理解的解释（solutions）。但假设（这是人的真实情况）这个人并不事先确信有一个仁慈而强大的至上理智，只能根据事物的现象（appearances）去推测这样一个信念，情况就全然不同了，他将绝不能为这样一个结论找到任何理由。他可以充分相信他的知性的狭窄范围，但这不会帮助他形成一个关于超级力量（superior powers）的善的推论，因为他必须根据他所知道的——不能根据他所不知道的——形成这个推论。你越是夸大他的脆弱和愚昧，你就使他越是胆怯，并且使他越是怀疑这些论题超出了他的能力范围。因此，你必须规劝他只根据已知的现象，并放弃所有武断的假设和揣测。

如果我带你去看一处房屋或宫殿，其中没有一个房间是舒适或令人惬意的；其中窗户、门、炉灶、走廊、楼梯以及整个建筑结构，都是喧闹、混乱、疲劳、黑暗和极热极冷的根源；不需任何进一步的考察，你就一定会指责它的设计。建筑师展示他的机巧（subtilty），向你证明如果这扇门或是那扇窗作了改动更大的恶就会接踵而来，也是徒劳的。他所说的可能完全是正确的：改变一个部分（particular），而建筑的其他部分却保持不变，只能增加不方便。但是你仍然会一般地断言，如果建筑师有熟练的技艺和好的意图，他本可以构想出这样一个整体计划，本可以以如此方式调整各部分，以至于纠正所有或大部分这些不方便。他甚或你自己对于这样一个计划的无知，绝不会使你相信它的不可能性。如果你在建筑中发现了许多不方便和缺陷，那么你就总是谴责建筑师，而不考虑任何细节。

总之，我重述一下问题：这个被一般地考虑和在此世中向我们显现的世界，不同于一个人或这样一种有限的存在者事先对一个非常强大的、智慧的、仁慈的神所期待的东西吗？断言相反的主张必定是奇怪的偏见。并且，我据此推断，不管这个世界——假如我们同意某些假设和揣测——与这样一个神的观念有多一致，它也绝不能为我们提供一个关于他的存在的推论。我们并不绝对否认这种一致性，而只是否认那个推论。揣测——特别是在无限性从神的属性中排除出去的情况下——或许足以证明一致性，但绝不能是任何推论的根据。

困扰着有感觉生物（sensible creatures）的所有或大部分的恶，似乎依赖于四个条件；所有这些条件可能不是必然和不可避免的。在日常生活之外，甚至对于日常生活，我们知道得如此之少，以至于对于宇宙的组织（economy），没有一个揣测——不管多荒诞——不可能是正确（just）的；也没有任何一个揣测——不管多可信——不可能是错误的。在这种深深的无知和晦暗之中，属于人类知性的一切都是可怀疑的或至少要小心谨慎的；并且不容许任何假设——不管是什么假设；更不用说任何不为可能性的外表所支持的假设。现在我主张所有恶的原因以及它所依赖的条件都是这种情况。在人类理性看来，它们中没有一个具有最低限度的必然性或确定性；如果不是想象的最大放肆，我们不能假设它们是这样的。

引入恶的第一个条件是动物的设计（contrivance）或组织，通过这种设计或组织，痛苦和快乐被用来驱使一切动物去行动，并使它们在自我保存的伟大工作中保持警惕。现在仅仅具有不同程度的快乐，对人类知性而言似乎就足以达成这一目的了。一切动物本可以一直处于享乐（enjoyment）的状态，但一旦为像渴、饥、疲劳一样的任何一种自然需要所驱使，虽没有痛苦，但它们可能感受到快乐的减少，这可能促使它们寻求它们的生存所必需的那个目标（object）。人像避苦一样迫切地趋乐；至少，人可能就是这样被构造（constituted）的。因此，没有任何痛苦地生活下去似乎显然是可能的。那为什么要让任何动物有这样一种感觉呢？如果动物能摆脱它一个钟头，它们就可以拥有一种永远免于它的享受；而且，产生那种感受需要其器官的一种特殊设计，以赋予它们视、听或任何感觉。我们可以毫无理由地（without any appearance of reason）揣测这样一个设计是必要的吗？我们可以像在最可靠的真理上一样在这个揣测上建造吗？

但如果不是第二个条件，即一般规律支配世界，那么痛苦的能力（a capacity of pain）也不会单独产生痛苦；而这对于一个很完善的存在者是绝不必要的。确实，如果每一事物都为特殊意志（volitions）所支配，那么自然进程就会无休止地被打破，也没有人能够运用其理性来指导生活（conduct of life）。但是其他特殊意志不可以矫正这一不方便吗？简言之，神不能根除一切恶——不管它在哪里出现，并创造一切善，而不用任何准备或者漫长的因果进程吗？

此外，我们必须考虑，根据目前的世界组织，自然进程尽管被假设为非常规则的（regular），但呈现于我们的却并非如此，并且许多事件是不确定的，许多事件辜负了我们的期望。健康与疾病，宁静与风暴，以及无数其他偶然事件（accidents）——其原因都是未知和多变的，对于特殊个人的运气以及公共社会的繁荣都有巨大影响：的确，一切人类生活在某种意义上依赖于这些偶然事件。因此，一个知道宇宙的秘密源动力（springs）的存在者，可以轻易地通过特殊意志使所有这些偶然事件转变为人类的善，并使整个世界幸福，却不在任何活动中出现。一个其目的有益于社会的舰队，可能总是遇到顺风；好的国王可能总是享受健康和长寿；天生有权有势的人，可能总是具有好的脾气和善良的性情（virtuous dispositions）。少数像这样的事情，经过合规则的和明智的安排，就会改变这个世界的面貌；似乎也不比当前的事物组织——在这里，原因是隐秘的、多变的和混杂的——更扰乱自然进程，或扰乱人类行为。轻轻触碰婴儿期的卡里古拉（Caligula）的大脑，可以使他变成图拉真（Trajan）；一个稍微高过其他波浪的波浪，通过将恺撒及其财产葬于海底，可以恢复很大一部分人的自由。神意（providence）有好的理由不以这种方式干预，亦未可知；但我们并不知道它们：尽管这些理由存在的单纯假设可能足以保全（save）那个关于神的属性的结论，但它想必（surely）绝不足以确立那个结论。

如果宇宙中的每一事物都为一般规律所支配，如果动物被造得有痛苦，那么某种恶必定不起于物质的各种冲击（shocks），以及诸一般规律的各种会合与对立，似乎是几乎不可能的：但是如果不是由于我打算提及的第三个条件，即把一切力量和能力分配给每个特殊存在者时所遵循的巨大节约，那么这种恶也会非常稀少。一切动物的器官和能力配合得这样好，这样适宜于它们的保存，以至于就历史或传统所及，似乎还没有任何一个物种在宇宙中灭绝了。每一个动物都具有必要的禀赋；但是这些禀赋被赋予如此严谨的一种组织，以至于任何重大的减损都必定会完全毁灭这个生物。任何时候一种力量增强了，其他力量就会相应地减弱。以速度见长的动物，通常都短于力量。那些同时拥有速度和力量的动物，要么某些感官有缺陷，要么为最迫切的需要所折磨。人类的主要优点是理性和聪慧（sagacity），却是所有动物中最贫乏的（necessitous），在身体优势上最不足；要不是他们归于自己的技艺和勤奋的那些东西，他们就没有衣服，没有武器，没有食物，没有住所，没有任何的生活便利。总之，自然似乎对于其造物的需要作了一次精确的计算；像一个苛刻的主人，给予它们几乎不超过刚刚足以提供那些必需品的东西的力量或禀赋。若像溺爱的父母给予大量的储备以防止意外，并在碰到最糟糕的情况时维持被造物的快乐和幸福那样，生命每一个进程就不会如此充满险境，以至于由于错误或必然而稍微偏离正道，就必定使我们陷于苦难或毁灭。一些储备、一些储藏（fund）就可以用来保证幸福；能力和必需就不会以这样苛刻的组织来调配。自然的创造者具有不可思议的力量：他的力量被认为是巨大的——如果不是完全不可穷尽的话：就我们所能判断的而言，也没有任何理由让他在处理其造物时遵循这一严格的节约（frugality）原理。如果他的力量极其有限，那么他最好少创造一些动物，而给予它们更多获取幸福和保存的能力。一个建筑师，如果承担的计划超出了他的储备（stock）所能达到的程度，就绝不被看作是明智的（prudent）。

为了医治大部分的人生之恶，我并不要求人有鹰的翅膀、鹿的敏捷、牛的力量、狮子的臂膀、鳄鱼或犀牛的鳞甲；我更不要求天使或精灵的聪慧。增强他灵魂中的单一力量或能力我就知足了。让他天生就具有更大的勤奋和劳动倾向；更有活力的心灵源动力（spring）和活动力（activity），对职务和勤奋（application）更持久的忍耐。让整个人类生来就具有同等的勤奋以及许多个人能够通过习惯和反思获得的东西；而且最有利的后果（不减少任何恶）就是这种禀赋的直接而必然的结果。几乎所有的人生之恶（道德的和自然的）都产生于怠惰（idleness）；如果我们人类由于其源始的身体结构（constitution of frame）摆脱了这种恶或缺陷，那么紧随而来的就是土地的精耕细作、艺术和制造业的进步、每一职务和责任的严格执行；而人可以立刻完全达到即使是管理得最好的政府也不能完全达到的那种社会状态。但是，勤奋既然是一种力量，并且是最有价值的力量，自然似乎依照她的通常原则（usual maxims），决定用很吝啬的手将它赋予人；并且宁可由于人在这方面的缺陷而严厉惩罚他，而不由于他的成就而奖赏他。她这样设计他的结构（frame），以至于只有最强烈的需要才能迫使他劳动；她利用他的所有其他需要去克服（至少是部分地克服）勤奋的匮乏（wants），并赋予他几分她原本以为应当从他的本性中夺去的能力。这里，我们的要求可以被认为是非常卑微的，因此也是更合理的。如果我们要求更高级的洞察力和判断力、更高雅的审美力、对仁慈和友谊更敏锐的感受力等禀赋；那么我们可能会被告知，我们不虔敬地妄图破坏自然秩序，我们想把自己提升到更高的存在等级，我们所要求的礼物不适合于我们的状况和处境，只会对我们有害。但被置于一个这样充满匮乏和需要的世界，是艰难的——我要大胆地重复一遍，是艰难的；在这个世界，几乎每个存在者和要素都要么是我们的敌人，要么拒绝帮助我们；我们还要和自己的性情（temper）作斗争，并被剥夺了唯一能够防御这些成倍增加的恶的能力。

产生宇宙之苦难和恶的第四个条件，是自然这部大机器的所有源动力（springs）和原理的不精确作品（workmanship）。必须承认，宇宙中几乎没有哪部分看起来不是为某目的服务的，去掉后不会造成整体明显的缺陷和失序的。各部分连在一起，不可能触碰其中一个而不或多或少影响其余部分。但同时必须看到，这些部分或原理，不管多有用，没有一个是被调配得如此精确，以至于准确地保持在它们有效的界限内；但它们在每一种情况下全都易于陷入这个或那个极端。人们会想象，这个宏伟的作品没有经过造物主的最后一手；每一部分完成得如此之少，用来制成它的举措（strokes）又是如此粗糙。

比方说，风对于沿地球表面输送蒸汽、帮助人的航行是必要的；但它们又多么常见地由于爆发为风暴和台风而成为有害的呢？雨对于滋养地球上的所有动植物是必要的：但它们有多频繁是不足的？有多频繁是过度的？热对于一切生命和生长都是必需的，却并不总是以适当的比例出现。动物的健康和茁壮成长离不开体液的混合和分泌，但各部分并不是有规律地完成它们的特有功能。有什么比心灵的一切情感（passions）——野心、虚荣、爱、愤怒——更有用呢？但它们又是多么频繁地冲破界限，引发最大的社会动荡呢？宇宙中没有总有利的事物，只有常常由于过度或不足而有害的事物；自然也没有以必要的精确性防止一切失序或混乱。这种不规则性（irregularity）也许决不至于大到毁灭任何物种，却常常足以使个体陷于毁灭和苦难。

因此，一切或绝大部分自然的恶就依赖于这四个条件的共同作用。如果一切生物都没有痛苦的能力，或者如果这个世界由特殊意志来管理，那么就绝不能看到恶进入宇宙：如果动物被赋予了大量的力量和能力储备，超过严苛的必要性（necessity）所要求的；或者如果宇宙的若干源动力和原理设计得如此准确，以至于总保持正确的中和（temperament）和适中（medium）；那么比起我们目前所感受到的，恶必定是非常少的。那么这个时候，我们应该断言什么呢？我们应该说，这些条件不是必然的，在宇宙设计中很容易被改变？这个结论对于如此盲目而愚昧的生物而言似乎过于狂妄了。让我们下结论时更谦逊些。让我们承认，如果神的善（我指的是与人的善相似的善）可以先天地（a priori）建立在任何可容忍的理由之上，那么这些现象——不管多不合宜——就不足以推翻那个原理；而可以很容易以某种未知的方式与它协调。但让我们依旧断言，既然这个善并非预先确立起来的，而是必须根据现象推出，那么这样一个推论就不可能有任何根据了，因为宇宙中有如此多的恶，而且在人类知性能被允许对这样一个论题作判断的限度内，这些恶本可以轻易地被消除。我以充分怀疑的态度同意：坏（bad）现象（且不管我的一切推论）可以和你所假定的那些属性相容：但是当然，它们绝不能证明这些属性。这样一个结论不能从怀疑主义而来；而必须从现象而来，从我们对从这些现象演绎而来的推理的自信而来。

环顾这个宇宙。如此丰富多样的存在者——有生命的和有组织的、有感觉的和能行动的（active）！你赞叹这种神奇的多样性和创造力（fecundity）。但请稍稍更严密地审视这些有生命的存在者，这唯一值得注意的存在者。它们是如何相互敌对和破坏的！它们对于自己的幸福是多么不足啊！对旁观者（spectator）来说又是多么可鄙或可恶啊！整体只是呈现了盲目自然的观念——这个自然由于伟大的生机勃勃的原理（vivifying principle）怀孕，并从她的腰胯间（没有辨别力或父母的关心）倾泻出有残缺的和不发育的孩子。

这时，摩尼教（Manichaean）体系作为解决这个困难的合适假设应运而生：无疑在某些方面，它看起来非常有道理，比通常的假设具有更大的可能性，因为它对生活中出现的善和恶的奇怪混合给出了一种似乎可取的解释。但另一方面，如果我们考虑到

宇宙各部分的完全的统一性和一致性，我们就不会
在它之中发现恶意的存在者和仁慈的存在者相斗的
任何迹象。诚然，有感觉的（sensible）生物感受到
了苦和乐的对立；但自然的一切活动岂不都由于诸
原理即热与冷、湿与干、轻和重的对立而进行？正
确的结论是：万物的源始起源与所有这些原理完全
无关，并不以善高于恶，也不以热高于冷，干高于
湿、轻高于重。

关于宇宙的诸第一因可以形成四个假设：它们
被赋予了完全的善意（goodness）；它们具有完全的
恶意（malice）；它们是对立的，既有善意也有恶意；
它们既无善意也无恶意。混合的现象绝不能证明前
两个不混合的原理。一般规律的统一性和稳定性似
乎反对第三个。因此，第四个目前为止似乎是最有
可能的。

我对于自然之恶所说的，将不作或几乎不作改
动地应用到道德之恶上；我们没有理由推论至上存
在者的正直（rectitude）与人的正直相似，也没有理
由推论他的仁慈与人的仁慈相似。而且，我们将认

为，我们有更大的原因将像我们感受到的那些道德情感（moral sentiments）从他身上去掉；因为在许多人看来，道德的恶凌驾于道德的善的程度，比自然的恶凌驾于自然的善的程度明显得多。

就算不承认这一点，就算承认人类的德性远高于恶；但毕竟只要宇宙中有任何恶，那么如何解释它将会极大地为难你们神人相似论者。你必须为之设定一个原因，而不诉诸第一因。但是因为每一果必有一因，而这一因必有另一因；那么你必须要么推进至无穷，要么就停留在作为万物之终极原因的源始原理上。……

停住！停住！第美亚叫道，你的想象力把你急送到何处？我与你结盟，为的是证明神圣存在的不可理解本性，并反驳用人类的尺度和标准衡量万物的克里安提斯的诸原理。但我现在发现你正陷入最大的自由思想者和异教徒的所有论点；并出卖你表面拥护的神圣事业。因此暗地里，你是比克里安提斯本人更危险的敌人吗？

克里安提斯答道，你这么晚才觉察到吗？第美

亚，请相信我；你的朋友斐罗，从一开始就一直以
我们为代价自娱自乐；我们必须承认，我们的通俗
神学不周全（injudicious）的推理很遗憾恰好给了他
嘲笑的把柄。人类理性的全部缺陷，神性的绝对不
可理解性，人类巨大而普遍的苦难以及甚至还要巨
大的恶——这些确实是正统神学家和博士们非常深
情地信奉（cherish）的奇怪论点。诚然，在愚昧和
无知的时代，这些原理可以安全地得到拥护；或许
没有事物认识（views of things），比像激发人类盲目
的惊奇、畏怯和忧郁的认识，更适于增进迷信。但
现在……

斐罗插进来说道，不要过于责怪这些可敬的先
生们的无知。他们知道如何随着时间来改变他们的
方法（style）。过去，主张人生的虚幻和痛苦，夸大
人必然要遭受的一切恶和痛苦，是最流行的神学论
点。但近来，我们发现，神学家们开始撤回这个立
场，并主张——虽然仍然有些犹豫——即使在此世
也是善多于恶、乐多于苦。当宗教完全立足于性情
（temper）和教育，激发悲伤就被认为是合适的；因

为实际上，人类不会像在那种情绪中那样轻易地求助于更高的力量的。但由于人们现在已学会形成原理和得出结论，那就必须改变炮台（batteries），利用至少能够经得住某种审查与考察的论证。这个改变与我之前对于怀疑主义所说的是一样的（并出于相同的原因）。

斐罗就这样把反抗精神（spirit of opposition）、对于公认意见的指责坚持到最后。但是我能看出，第美亚一点也不喜欢后面的讨论；他随即以这样或那样的借口离开了聚会。

# 第十二篇

　　第美亚走后,克里安提斯和斐罗继续下面的谈话。克里安提斯说,我恐怕我们的朋友——只要你在场——将再也不愿重提这个讨论题目了;并且,斐罗,说实话,我非常希望单独和你们中的一个就如此崇高和有趣的主题论理。你的争辩精神(spirit of controversy),加上你对于通俗迷信的憎恶,会在你争论时把你带到奇怪的极端(lengths);而且,没有什么事情——即使在你看来十分神圣而令人崇敬——在那种情况下你会放过。

　　斐罗答道,我得承认,我在自然宗教的主题上比在任何其他主题上都更不谨慎；不仅因为我知道我绝不能在这方面败坏任何有常识的人的原理，而且因为我相信，把我视为有常识的人没有一个会弄错我的意图。克里安提斯，尤其是在生活中和我推心置腹的你；你明白，尽管我谈话自由，热爱奇怪的论证，但其实没有人的心灵铭刻着比我更深的宗教感（sense of religion），或比我更深沉地崇拜神圣的存在者，因为他通过自然不可解释的设计和机巧（artifice）向理性敞开。一个目的、意图或设计无处不击打着最粗心、最愚蠢的思想家；没有人能够对诸荒谬体系如此着迷，以至于总是拒斥它。"自然不做徒劳无益之事"是一切学派仅仅根据对自然作品的打量（没有任何宗教目的）而确立起来的一个原则（maxim）；出于对其真理性的坚固信念，发现了新器官或血管（canal）的解剖学家，直到也发现了它的用处和目的时才会满意。哥白尼体系的一个伟大基础是这一原理：自然按照最简单的方法行动，并选择达到任何目的最合适的手段；天文学家常常不知不觉为虔敬和宗教奠定了这一强大的基础。哲学的其他部门中可以看到同样的情形：比如，一切科学就几乎不知不觉地劝导我们承认一个最先的理智造物主（Author）；而它们的权威往往要大得多，因为它们并不直接承认那个意图。

我很高兴听到加仑（Galen）关于人体结构的讨论。他说 ①，解剖一个人可发现超过 600 块不同的肌肉；无论谁适当地考虑它们，都将发现，自然在它们中的每一个中必定调节了至少十种不同的条件，以便达到她所计划的目的；合适的形状，适当的大小，若干目的的正确配置，整体的上下位置，若干神经、静脉和动脉的合适嵌入：所以，单在肌肉中就一定有 6000 多个观点和意向已经形成和完成。他推测骨头有 284 根：每根骨头的结构所指向的不同目的超过 40 个。甚至这些简单而同质的部分就显示出多么神奇的机巧（artifice）啊？但是如果我们考虑皮肤、韧带、脉管、腺体、体液以及身体的四肢；那么，我们怎么会随着如此巧妙协调一致的各

---

① De formatione foetus.

部分的数目和复杂性的变化，而有不同程度的惊讶呢？我们的这些研究再深入，我们就会发现技艺和智慧的新景象：却远远地望见有更远的景象遥不可及——在各部分精致的内在结构之中，在大脑的组织之中，在输精管的结构之中。所有这些机巧在每种动物中重复着，以神奇的多样性和精确的合适性（propriety）配合着自然设计每一物种时的不同意图。如果加仑的不信教即使在这些自然科学还有缺陷的时候，仍不能抗拒这些显著的现象（appearances）；那么这个时代的一位哲学家在今天还能怀疑至上理智，一定是多么顽固不化啊？

如果我遇见一位这样的哲学家（谢天谢地，这种人很少），我会问他：假如有一位并不直接向我们的感官显现的上帝，那么对于上帝的存在，他可能给出比在整个自然表面所显现的东西更有力的证明吗？这样一个神圣的存在者，究竟能做什么，除了模仿（copy）当前的事物组织；使他的许多机巧如此明显，以至于没有愚人会弄错它们；略微提供一些甚至更巨大的机巧，以理证他超出我们的狭隘理解力的惊人超越性（superiority）；向这些不完善的生物彻底隐瞒许多机巧？如今根据正确推理的所有规则，只要每一事实为其本性所容许的所有论证所支持——即使这些论证自身并不很多或很有力，它就必须被当作是不容争辩的：目前，人类的想象力不能计算它们的数目，人类的知性无法估计它们的说服力，这种情况下，它们会多多少呢？

克里安提斯说，我将对你所极力强调的主张作进一步补充：有神论原理的一个巨大优点是，它是唯一一个能变得可理解和完整并能始终与我们在这个世界上日常所看见和经验的东西保持一种强大类比的宇宙演化学体系。宇宙与人类设计的机器的对比是如此明显和自然，又为自然中如此多的设计和秩序的事例所证实，以至于它必定立即打动所有没有偏见的理解力，并获得普遍的赞许。无论谁试图削弱这个理论，他都不能妄图通过以任何其他精密而确定的理论取而代之成功；他能发起质疑和疑难就足矣；通过遥远而抽象的事物认识（views），达到这里作为他的愿望的最大限度的那种悬置判断。但除了这种心灵状态自身不能令人满意，人们也绝不能坚定地保持它，以对抗像不断地把我们引向宗教假设的现象那样的明显现象（appearances）。人性由于偏见的力量，能够固执和倔强地坚持一个虚妄而荒谬的体系；但根本没有一个体系——它反对为强有力而明显的理性、自然倾向以及早年教育所支持的理论——我以为绝不可能去坚持或捍卫。

斐罗答道，我认为目前情况下的这种悬置判断是如此不可能，以至于我倾向于推测，这场争论加入了一些语词之争（a dispute of words），超出了人们的通常想象。自然作品与技艺作品有极大的相似是明显的；根据好推理的一切规则，如果我们对它们有所争论，那么我们就应该推断它们的原因也有相应的相似。但是既然它们也有很大的差异，我们就有理由假设原因之中也有相应的差异；尤其我们应该将一种其程度远远超出任何我们在人身上所曾见到的力量与能力（energe）归于那个至上的原因。因此这里，神的存在显然为理性所确定；如果我们提出这样一个问题：由于这些类似——不管我们可以合理假设他与人类心灵之间的巨大差异——我们能否恰当地称他为一个心灵或理智；除了单纯的文字争论（verbal controversy），这还能是什么呢？没有人能否认结果之间的相似；我们克制自己不去探究原因几乎是不可能的，根据这一探究，合法的结论是，原因也有某种类似：如果我们不满足于称呼第一或至上的原因为上帝或神，而想要改变表达；除了心灵或思想——他被正确地假定与心灵或思想极其相似——我们还能怎么称呼他呢？

　　一切具有健全理智的人都厌恶充斥于哲学和神学探究的文字之争（verbal disputes）；人们发现，这种弊病（abuse）的唯一药方必定来自清晰的定义，来自进入任何争论的那些观念的精确性，来自所用名称（terms）的严格和统一的使用。但有一种争论，由于语言和人类观念的本性，陷于永远的混乱之中，绝不能通过任何预防或任何定义达到一个合理的确定性或精确性。这就是关于任何性质的程度或条件的争论。人们对于汉尼拔（Hannibal）是一个伟大的、非常伟大的，还是超级（superlatively）

伟大的人，克利奥佩特拉（Cleopatra）有多美，李维（Livy）或修昔底德（Thucydides）配得上什么样的赞美之辞，可以争论到永远，而不得出任何结论。争辩者这里可以用不同的词表达相同的意思，或者反过来用相同的词表达不同的意思；但他们绝不能定义他们的词，以便了解彼此的意思：因为这些性质的程度不像量或数可以有精确的测量（mensuration），而精确的测量则可以是争论的标准。关于有神论的争论就具有这种本性，因此仅仅是文字上的或者（如果可能的话）更加含混不清的——这是经过最细微的探究就可以看出的。我问有神论者：他不同意人的心灵与神的心灵之间存在着一种巨大而不可测量——因为不可理解——的差异吗？他越虔诚，就越容易同意肯定的回答，越倾向于扩大这种差异：他甚至将断言，这种差异越扩大越好。接下来我转向无神论者——我认为他只是名义上的无神论者，绝不可能是真诚的；我问他，由于这个世界所有部分的协调性和明显的交感（sympathy），自然的一切作用之间在每一种状况下、在每一个时期都没有某种程度的相似吗？芜菁的腐烂、动物的生殖和人类思想的结构，不是彼此可能有某种细微的相似的能力（energies）吗？他不可能否认这一点：他将欣然承认它。得到了这一让步，我将他的撤退再往前推；我问他，起初安排并一直保持宇宙秩序的那个原理，与自然的其他作用——其中就有人类的心灵和思想的组织——不也可能有某种细微的不可思议的相似吗？不管有多不情愿，他都必须同意。于是我就对这两个敌对者叫道，你们所争辩的主题在哪里？有神论承认，原初理智非常不同于人类理性；无神论则承认，秩序的源始原理与它只有某种细微的相似。先生们，你们要为程度争吵，并陷入一个不容许有任何精确意义，因此也不容许有任何结论的争论吗？如果你们如此固执，那么我就会毫不惊讶地发现你们不知不觉地变换立场；有神论在一方面夸大至上存在者和脆弱的、不完满的、变动的、转瞬即逝、有朽的生物之间的差异；无神论者则在另一方面夸大自然在每一时期、每一种处境、每一种情况之下的所有活动之间的相似。然后请想想真正的争论点在哪里，如果你们不能搁置争吵，那请至少努力消除你们的敌意吧。

这里我也必须承认，克里安提斯，由于自然作品与我们的技巧和设计的结果，比起与我们的仁慈和正义的结果，有一种大得多的相似；我们有理由推断，神的自然属性与人的自然属性的相似，远远大于神的道德属性与人的道德属性的相似。但这会带来什么后果呢？只能是：人的道德品质（qualities）在种类（kind）上比他的自然能力更有缺陷。因为至上存在者既然被承认是绝对和全部完满的，那么最不同于他的，就离正直和完满的至上标准最远。

克里安提斯，这就是我对于这个论题未加掩饰的意见；你知道，这些意见我一直珍藏和保持着。但我越是崇敬真正的宗教（true religion），就越是厌恶通俗迷信（vulgar superstitions）；我承认，我沉溺于把这些原理有时推向荒谬、有时推向不虔敬的特殊快乐。并且你知道，一切盲从者尽管厌恶后者甚于厌恶前者，却通常同时犯了荒谬和不虔敬的罪。

克里安提斯答道，我承认，我的倾向与此相反。

宗教，不管怎么败坏，也仍然比根本没有宗教好。死后生活（a future state）的学说对于道德是如此强大而必要的保证，以至于我们绝不应该抛弃或忽视它。因为如果有限而短暂的奖惩都有像我们日常所见那样的巨大效果：那么期望于像无限而永恒那样的奖惩效果必定大得多了！

斐罗说，如果通俗的迷信对社会如此有利，那为何一切历史都充斥着它对公共事务的有害影响的记载呢？党争、内战、迫害、政府的倾覆、压迫、奴役；这些都是总伴随着它对人的心灵的肆虐的灾难性后果。只要宗教精神在任何历史叙述中被提到，我们肯定会在之后遇到对随之而来的苦难的详述。没有哪个时期能比那些从未注意或听过它的时期更幸福或更兴旺了。

克里安提斯答道，这一言论的理由是明显的。宗教的正当职务是规范人心（the heart of men），使他们的行为变得文明，灌输节制、秩序和服从的精神；既然它的作用是无声的，并且只是加强道德（morality）和正义的动机，它就有被忽略以及和这些其他动机相混淆的危险。当它独树一帜，作为一个独立原理支配人类时，它就偏离了它的合适范围，而只变成党争和野心的掩护了。

斐罗说，除了哲学的和理性的宗教，一切宗教都会如此。你的推理比我的事实更易于避开。因为有限而短暂的奖惩有如此巨大的作用，所以像无限而永恒那样的奖惩必定有大得多的作用——这个推论是不对的。我请求你想想我们对当前事物的依恋（attachment）和我们对于如此遥远而不确定的对象的漠不关心。当神学家们公开抨击世人（the world）的普通行为和举止时，他们总是把这个原理描述为可想象的最强有力的（它实际上也是），并几乎把全人类都描述为受它影响、陷入对其宗教利益（interests）最深的不搭理和不关心之中的。但就是这些神学家们在他们反驳他们的思辨对手时假设宗教动机如此有力，以至于没有它们文明（civil）社会就不可能维持；他们也不以这样明显的一个矛盾为耻。经验可以确定，最少的自然诚实和仁慈都比神学理论和体系所推荐的最自负的观点，对人的行动有更大的影响。人的自然倾向不断地影响他；它永远向心灵呈现；并与每一个观点和考虑结合起来；而宗教动机在起作用时，也只是间歇式地起作用；它们几乎不可能完全成为心灵的习惯。哲学家们说，最大引力的力量，比起最小推力来，也是极小的；但是可以确定，最小的引力终究会胜过一个巨大的推力。因为没有敲击或击打能像吸引力（attraction）和引力那样持续地重复。

倾向的另一个优点：它将心灵的一切机智（wit）和聪明（ingenuity）都吸引到它这边来；在反对宗教原理时，它寻求避开它们的每一种方法和技巧：在这种情况下，它几乎总能成功。谁能够解释人心（heart），或者说明那些人们遵循其倾向而反对其宗教责任时用来满足自己的奇怪遁辞和借口？这为世人所理解；只有傻子们才会因为听说有人由于学问和哲学而对神学上的论题抱有一些思辨上的怀疑，就对他少一些信任。当我们不得不和许下宗教和献身（devotion）的伟大誓言的人打交道时；这对一些被认为很审慎的人所起的作用，除了使他们保持警惕以免被他欺骗外，还有任何其他作用吗？

我们还必须考虑，培养理性和反思的哲学家们，更不需要这些动机来把他们限制在道德约束内：需要它们的可能只有众人，而他们完全不能胜任一种把神描述为只喜欢人类行为中的德性的纯粹宗教。人们普遍假定，向神所推荐的（recommendations），不外是琐屑的仪式、如痴如醉的狂欢或偏执的轻信。我们无须回溯到古代，或漫游到偏远地区去寻求这种堕落的例子。在我们自己中间，就有人犯下了不为埃及和希腊的迷信所知的那种残暴罪行：以明白的词语公开抨击道德，把道德描述为这样一个东西：即使对它持有最少的信赖或信任，也必定会丧失神恩（divine favour）。

但即使迷信或狂热不直接违反道德；可是注意力的转移，一类新的和琐屑的价值（merit）的抬高，它对赏罚的颠倒（preposterous）分配，必然产生最有害的后果，并大大削弱人们对正义及人道的自然动机的忠诚。

同样，这样一个行动原理，由于并不是人类行为的任何熟悉的动机，因而只是间断性地作用于性情，并且必须通过不断的努力唤起，以便使虔诚的狂热者对于自己的行为感到满足，并使他完成他虔诚的使命。许多宗教仪式充满了表面的热情（seeming fervour），而那时候心却感到冷酷和倦怠：逐渐染上作假的习惯；欺诈和欺骗变成主导原理。这就是以下通常观察的理由，即最高的宗教热忱和最深的伪善（hypocrisy）远不是不一致的，而往往或通常结合在同一个人身上。

即使在日常生活中，这些习惯的恶果也容易想象：但在涉及宗教利益的地方，道德没有足够的力量限制狂热者的热忱。这一事业的神圣性神圣化了能够用来增进它的每一措施。

单单对像永恒得救（eternal salvation）这样重要的利益的持续关心，就很容易消灭仁爱（the benevolent affections），而产生一种狭隘的、卑狭（contracted）的自私。这种性情一旦被鼓舞，它就轻易地避开仁爱的所有一般戒律。

因此通俗迷信的动机对普遍行为没有大的影响；

而在它们占据主导地位的情况下，它们的作用对于道德也并不十分有利。

　　教士的数目和权威都应当被限制在非常狭小的范围内，并且行政长官（civil magistrate）应该永远让他的权标（fasces）和斧头（axes）远离这些危险的手——有任何政治原则（maxim）比这更可靠无误吗？但是如果流行宗教的精神有利于社会，那么相反的原理就应该流行。教士的更大数目，他们的更大权威和财富，将始终加强宗教精神。尽管教士们有这种精神的指导，我们为什么不可以在那些奉献给宗教、不断地把它灌输给他人，而自己也必定吸收它的更大部分的人身上，期望更高的生命圣洁（sanctity of life）、更大的仁慈和节制？事实上一个智慧的长官对于流行宗教所能计划的，至多就是尽可能对它玩一种补救（saving）游戏，防止这些宗教危害社会，这又是怎么发生的呢？他为如此卑微的目的所尝试的每一种权宜之计，都为各种麻烦所包围。如果他对于他的臣民只容许一种宗教，那他就必须为了一个并不确定的稳定前景而牺牲对公共自由、科学、理性、工业以及甚至他自己的独立性的每一关心。如果他采用更智慧的原则（maxim），纵容若干教派，那么他就必须对它们全体保持一种非常哲学的中立态度，谨慎地限制得势教派的抱负（pretensions）；否则他只能期望无止境的争论、争吵、党争、迫害和内乱。

我承认，真正的宗教并没有这些有害后果：但我们必须按照宗教在这个世界通常被发现的那样来论述它；我也不涉及有神论的那个思辨信条，这种有神论作为一种哲学，必定分享了那一原理的有益影响，同时也必定遇到相同的麻烦——总是局限于极少数人。

誓言在所有司法法庭中都是必需的；但它们的权威是否产生于任何流行宗教则是一个问题。场合的庄严与重要性、对名声的重视、对社会整体利益的反思才是人类主要的限制因素。甚至有些自称遵守诚实和宗教原理的人，也极少看重海关誓言和政治誓言：我们对于一个贵格会教徒（Quaker）的郑重声明，也很公正地放在和任何其他人的誓言同等的地位。我知道普列皮斯（Polybius）① 将臭名昭著的希腊信仰归于伊壁鸠鲁哲学的流行；但我也知道，背信弃义（Panic faith）在古代就有一种犹如爱尔兰人的证言在现代那样的坏名声；尽管我们不能以相同的理由解释这些通常的观察。更不用说在伊壁鸠鲁哲学兴起之前，希腊信仰就已经臭名远扬了；欧里庇得斯 ② 在我要给你指出的一段文字中，曾在这方面对他的国家发起了一番引人注目的讽刺。

克里安提斯答道，斐罗，当心，当心：不要把事情推得太远；不要让你反对虚假宗教的热诚损害了你对于真正宗教的尊崇。不要丧失了这个原理——生命中首要的、唯一的巨大慰藉；我们遭遇一切厄运袭击时的主要支撑。人类想象力所能给出（suggest）的最合意的反思是真正（genuine）有神论的反思，它将我们描述为一个全善、全知、全能的存在者的作品；他为了幸福而创造我们，由于在我们身上注入了无数善的欲求（desires of good），他将

---

① Lib. 6, cap. 54.
② *Iphigenia in Tauride.*

把我们的存在延长至永恒，并把我们转移到无数不同的领域，以便满足那些欲求，使我们的幸福完全而持久。紧接着这样一种存在者（Being）自身（如果容许这种比较）我们所能想象的最幸福命运，就是在他的保护和庇佑之下的命运。

斐罗说，这些现象（appearances）是最诱人、最有吸引力的；而且就真正的哲学家而论，它们还不仅仅是现象。但在这里，和前面的情况一样，就大部分人而论，这些现象是骗人的，宗教的恐怖通常胜过它的慰藉。

人们承认，人在为悲伤而沮丧或为疾病而消沉时最容易求助于宗教献身（devotion）。这不就证明，宗教精神与其说与欢乐亲密结盟，不如说与悲痛亲密结盟吗？

克里安提斯答道，但人在罹难时从宗教中寻找慰藉。斐罗说，有时候是这样；但我们可以很自然地想象，当他们专心于打量（contemplation）那些未知的存在者时，他们将会对它们形成一个适合于他们当下的阴郁和忧郁情绪的概念。因此，我们发现可怕的偶像（images）支配着一切宗教；我们自己在用最崇高的表达描述神之后，就陷入了最平淡的矛盾，因为我们断言罚入地狱的灵魂在数目上远远超过蒙上帝挑选者。

我要大胆断言，从来没有一种流行宗教以像使其对于人类而言是合意的那样的角度去描绘逝去灵魂的状态，以至于就应该有这样一种状态。这些精致的宗教模式不过是哲学的产物。因为既然死介于眼下（the eye）与未来景象之间，那么那一事件对自然而言如此令人震惊，以至于它必定给所有超越它的宗教投下阴影（a gloom）；使大多数人想起西伯琉斯（Cerberus）和费利斯（Furies）；魔鬼和硫磺烈火。

的确，宗教中既有恐惧，也有希望；因为这两种情感（passions）在不同的时候扰乱人类心灵，而且每一种构成一种适合于自身的神性（divinity）。但当一个人心情愉快时，他适合于工作、交友或任何一种娱乐；他很自然地专心于这些事情，而不想宗教。在忧郁和沮丧时，他只好思忖着不可见世界的恐怖事物，并把自己投入更深的苦恼之中。实际上，他以这种方式把宗教意见深深印入他的思想和想象之后，可能会有健康或境况的改变，这种改变可能会恢复他的好心情，并由于唤起美好的未来前景，使他走进欢乐与得意的另一极端。但我们仍然必须承认，既然恐惧是宗教的首要原理，那么它就是在宗教中总占主导地位的情感（passion），并且只允许短暂的快乐。

更不用说这阵阵过度的、狂热的快乐由于耗尽了精力（the spirits），总是为同样阵阵的过度（supersititious）恐惧和沮丧铺平了道路；而且，没有比宁静与平和更幸福的心灵状态了。但是当一个人认为他处于如此深沉的黑暗与不确定之中，在永恒的幸福与永恒的苦难之间，他就不可能保持这种状态。难怪这样一种意见瓦解心灵的正常结构，把它抛入最大的混乱。尽管这个意见的作用很少如此稳定，以至影响一切活动；但它容易在性情中造成巨大的中断（breach），并产生在所有虔敬的人身上十分明显的那种阴郁和忧郁。

无论由于什么意见而忧虑或恐惧，或者由于最自由地使用理性而想象我们死后会有任何危险，都是违反常识的。这样一种观点（sentiment）既包含荒谬，又包含矛盾。相信神有人类的情感（passions）以及最低劣（lowest）的一种人类情感——对赞美无止境的欲求（a restless appetite），是荒谬的。相信神既然有了这种人类情感，那么他就不能也有其他情感，尤其不理会低级得多的生物的意见，则是矛盾的。

塞内卡说，认识上帝就是崇拜上帝。所有其他的崇拜实际上都是荒谬的、迷信的甚至是不虔诚的。它把他降到喜爱乞求、怂恿、礼物和谄媚的人的卑贱地位。但这种不虔敬是迷信所犯下的最小的罪。通常，它把神贬低到远低于人类地位的地步；把他描画为一个反复无常的恶魔，无理由、不人道地施展他的威力！如果那个神圣存在者想要罪于他所创造的愚蠢凡人的罪恶和愚昧，那么最流行的迷信的信徒的结果肯定很糟。任何人都配不上他的恩宠，除了极少数几个哲学上的有神论者——

他们对于他的神圣完满性抱有或更确切地说努力抱有合适的概念：因为唯一配得上他的怜悯和赦免的人只有哲学上的怀疑主义者——一个几乎同样稀少的学派，他们出于对自身能力的一种自然的不信任（diffidence），悬置或努力悬置在如此崇高、如此不同寻常的论题上的一切判断。

如果整个自然神学，像某些人似乎主张的那样，变成一个简单、不过多少有些含糊、至少不明确的命题，即宇宙秩序的原因（cause）或诸原因（causes）与人类理智（intelligence）可能有某种细微的相似（remote analogy）：如果这个命题无法扩展、变动或进行更具体的解释：如果它不给出影响人类生活或者能够作为任何行为或忍耐（forbearance）的根据（source）的推论：如果这个确实不完美的相似不能推到人类理智以外；不能以任何可能的样子（with any appearance of probability）推移到心灵的其他性质：如果这确实是事实，那么最爱钻研、爱沉思和虔敬的人，除了在这个命题每次出现时给予明白的、哲学的认可，并相信它建立于其上的论证胜过反对它的诸理由外，还能做什么呢？诚然，对象的伟大自然会引起某种惊奇；它的模糊会引起某种忧郁；人类理性对一个如此不同寻常和崇高的问题不能给出更让人满意的解答，这会引起对它的某种轻视。但是，克里安提斯，请相信我，一个具有良好意愿（well-disposed）的心灵在这种情况下将感受到的最自然情感（sentiment），是这样一种迫切（longing）的欲求和期望：上天（Heaven）会乐于通过给予人类某种更具体的启示（more particular revelation），并揭露我们信仰的神圣对象的本性、属性和作用，来消除——至少减轻——这种深刻的愚昧。一个为自然理性的缺陷的正确意识所中和（seasoned）的人，会以最大的渴望飞向启示（revealed）的真理；而傲慢的独断论者（dogmatist）坚信他能仅仅通过哲学的帮助建立完整的神学体系，鄙弃任何更远的帮助，并拒绝这个外来的教导者。对于一个学者（a man of letters）来说，"是一个哲学上的怀疑主义者"是通向"是一个忠实的（sound）、坚定的（believing）基督徒"的第一步和最重要的一步；这一主张我很愿意提请潘斐留斯注意：我也希望克里安提斯会原谅我对他的学生的教育和教导干预到如此程度。

克里安提斯和斐罗不再继续这场谈话了；因为从来没有什么比那天的所有推理给我更深的印象了；所以我承认，在对全部推理认真回顾一番之后，我不得不认为，斐罗的原理比第美亚的原理更具可能性（more probable）；而克里安提斯的原理还更接近真理。

本书的翻译参考如下版本：

*Dialognes Concerning Natural Religion*, Kemp
Smith（ed）, New York, Bobbs-Merrill, 1947

MINERVA

· 密涅瓦 ·

## 大师经典

《社会学的基本概念》　　　[德] 马克斯·韦伯 著　　　　　胡景北 译

《历史的用途与滥用》　　　[德] 弗里德里希·尼采 著

　　　　　　　　　　　　陈　涛　周辉荣 译　　　　　　刘北成 校

《奢侈与资本主义》　　　　[德] 维尔纳·桑巴特 著

　　　　　　　　　　　　王燕平　侯小河 译　　　　　　刘北成 校

《社会改造原理》　　　　　[英] 伯特兰·罗素 著　　　　　张师竹 译

《伦理体系：费希特自然法批判》

　　　　　　　　　　　　[德] 黑格尔 著　　　　　　　　翁少龙 译

《理性与生存——五个讲座》

　　　　　　　　　　　　[德] 卡尔·雅斯贝尔斯 著　　　　杨　栋 译

《战争与资本主义》　　　　[德] 维尔纳·桑巴特 著　　　　晏小宝 译

《道德形而上学原理》　　　[德] 康　德 著　　　　　　　　苗力田 译

《论科学与艺术》　　　　　[法] 让-雅克·卢梭 著　　　　何兆武 译

## 新锐思潮

《部落时代：个体主义在后现代社会的衰落》

　　　　　　　　　　　　[法] 米歇尔·马费索利 著　　　许轶冰 译

《鲍德里亚访谈录：1968—2008》

　　　　　　　　　　　　[法] 让·鲍德里亚 著　　　　　成家桢 译

《替罪羊》　　　　　　　　[法] 勒内·基拉尔 著　　　　　冯寿农 译

《吃的哲学》　　　　　　　[荷兰] 安玛丽·摩尔 著　　　　冯小旦 译

《经济人类学——法兰西学院课程（1992—1993）》

[法] 皮埃尔·布迪厄 著

[法] 帕特里克·尚帕涅

[法] 朱利安·杜瓦尔 等编　　张　璐 译

《局外人——越轨的社会学研究》

[美] 霍华德·贝克尔 著　　　张默雪 译

## 人生哲思

《论人的奴役与自由》　　[俄] 别尔嘉耶夫 著　　张百春 译

《论精神》　　　　　　　[法] 爱尔维修 著　　　杨伯恺 译

《论文化与价值》　　　　[英] 维特根斯坦 著　　楼　巍 译

《论自由意志——奥古斯丁对话录二篇》（修订译本）

[古罗马] 奥古斯丁 著　　成官泯 译

《论婚姻与道德》　　　　[英] 伯特兰·罗素 著　　汪文娟 译

《赢得幸福》　　　　　　[英] 伯特兰·罗素 著　　张　琳 译

《论宽容》　　　　　　　[英] 洛克 著　　　　　张祖辽 译

《做自己的哲学家：斯多葛人生智慧的 12 堂课》

[美] 沃德·法恩斯沃思 著　　朱嘉玉 译

## 社会观察

《新异化的诞生：社会加速批判理论大纲》

[德] 哈特穆特·罗萨 著　　郑作彧 译

《不受掌控》　　　　　　[德] 哈特穆特·罗萨 著

郑作彧　马　欣 译

《生活还在继续》　　　　[法] 贝尔纳·皮沃 著　　于文璟 译

《隐秘之恋——二战中的西方战俘与德国女人》

[德] 拉斐尔·谢克 著　　　汪文娟 译

《如何思考全球数字资本主义？——当代社会批判理论下的哲学反思》

蓝　江 著